D1923458

DELIUS KLASING

Jack Jackson

Sporttauchen

Ratgeber
zu Ausrüstung und Technik

Delius Klasing Verlag

Copyright © 2000 New Holland Publishers (UK) Ltd.
All rights reserved.
Titel der englischen Originalausgabe:
SCUBA DIVING – THE ESSENTIAL GUIDE TO EQUIPMENT
AND TECHNIQUES
veröffentlicht bei New Holland Publishers (UK) Ltd., London

Copyright © 2000 New Holland Publishers (UK) Ltd.
Copyright © 2000 Jack Jackson (Text)
Copyright © 2000 New Holland
Publishers (UK) Ltd. (Zeichnungen)
Copyright © 2000 Struik Image Library (SIL)
(Fotos, mit Ausnahme der einzelnen Fotografen und/oder
der Agenturen, die auf Seite 96 aufgeführt sind.)

Die Deutsche Bibliothek – CIP-Einheitsaufnahme

Sporttauchen: Ratgeber zu Ausrüstung und Technik /
Jack Jackson. [Aus dem Engl. von Wolfgang Rhiel.
Dt. Bearb.: Friedrich Naglschmid]. –
1. Aufl. – Bielefeld: Delius Klasing, 2002
Einheitssacht.: Scuba diving <dt.>
ISBN 3-7688-1327-4

1. Auflage
ISBN 3-7688-1327-4
Die Rechte für die deutsche Ausgabe liegen beim
Verlag Delius, Klasing & Co. KG, Bielefeld

Aus dem Englischen von Wolfgang Riehl
Deutsche Bearbeitung: Dr. Friedrich Naglschmid
Layout: Mark Jubber
Zeichnungen: Danie Jansen van Vuuren
Einbandgestaltung: Ekkehart Schonart
Printed in Singapur 2002

Autoren und Verlag haben jede Anstrengung unternommen, um zur Zeit der Drucklegung zu gewährleisten, dass die im Buch enthaltenen Informationen nach bestem Wissen und Gewissen korrekt waren. Verlag und Autoren übernehmen jedoch keinerlei Haftung für eventuell entstehende Schäden, Verluste oder Verletzungen, die Personen entstehen, die aufgrund der in diesem Buch gegebenen Informationen entstehen.

Alle Rechte vorbehalten!
Ohne ausdrückliche Erlaubnis des Verlages darf das Werk, auch nicht Teile daraus, weder reproduziert, übertragen noch kopiert werden, wie z. B. manuell oder mithilfe elektronischer und mechanischer Systeme inklusive Fotokopieren, Bandaufzeichnung und Datenspeicherung.

Delius Klasing Verlag, Siekerwall 21, D – 33602 Bielefeld
Tel.: 0521/559-0, Fax: 0521/559-113
e-mail: info@delius-klasing.de
www.delius-klasing.de

Dieses Buch enthält eine Fülle an Informationen, die sich auf drei Jahrzehnte Taucherfahrung stützen. Kein Buch kann jedoch die Praxis ersetzen. Kein verantwortungsvoller Tauchveranstalter füllt Ihnen die Flasche nach oder leiht Ihnen Tauchausrüstung, wenn Sie nicht entsprechend qualifiziert oder in Begleitung eines Tauchlehrers sind. Sie sollten dieses Buch ergänzend zum Kurs bei einer Tauchschule benutzen.

Autor und Verlag haben sich um größtmögliche Exaktheit der angegebenen Informationen bemüht, können allerdings keine Verantwortung für Verletzungen oder Schäden bei jemandem übernehmen, der dieses Buch benutzt oder Ratschläge daraus befolgt.

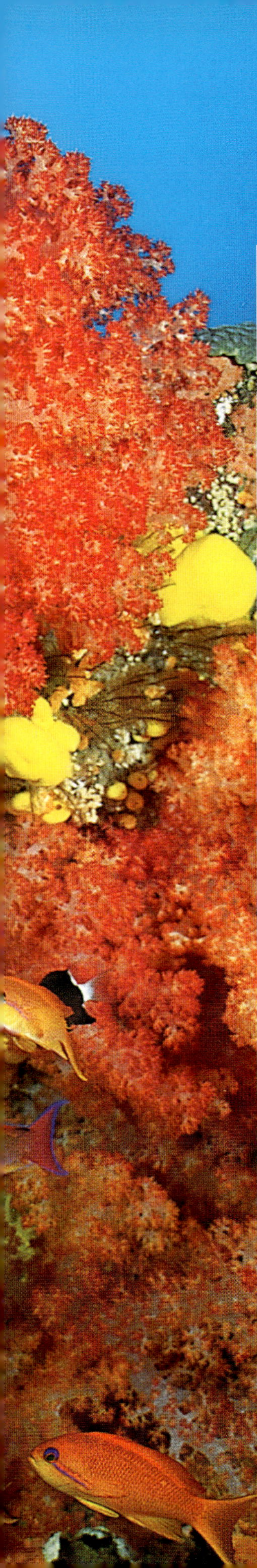

Inhalt

Erst versuchen

Die meisten sind von der Vielfalt der Fische und wirbellosen Tiere in tropischen und gemäßigten Gewässern überwältigt, wenn sie sich das erste Mal mit Maske und Schnorchel unter Wasser wagen.

Besonders aufregend ist, dass man den Tieren, anders als an Land, ganz nahe kommt. Beim Tauchen fühlt man sich wie in einem Aquarium. Nur wenige Fische fliehen, einige kommen sogar neugierig näher. Oft kann man sich ihnen bis auf Reichweite nähern, großen wie kleinen.

Innerhalb der ersten zehn Meter unter Wasser ist es erstaunlich farbig. Weiter unten werden einige Farben schwächer, was man jedoch mit einer Taucherlampe oder einem Blitzlicht wieder ausgleichen kann.

In der Nähe eines Riffs ist es alles andere als still. Wenn Tiere fressen, oder wenn sie andere zu vertreiben suchen, kann es ziemlich laut werden. Wer das Glück hat, nah an Wale oder Delfine heranzukommen, kann ihr Schreien, Pfeifen und Stöhnen nicht nur hören, sondern auch körperlich spüren.

Dank der modernen Tauchausrüstung steht die Unterwasserwelt fast allen offen.

Man kann diesen Sport in jedem Alter betreiben. Kinder ab zwölf können mit dem Tauchtraining beginnen, ab acht können sie in der Obhut eines Tauchlehrers »schnuppern«.

Tauchen ist allerdings ausrüstungsintensiv und erfolgt in einer dem Menschen fremden Umgebung, daher ist eine solide Schulung unerlässlich.

Anfangs schreckt das, was man alles wissen muss, vielleicht ab, doch mit fortschreitenden Kenntnissen und systematischer Ausbildung wird es schnell vertraut, und wenn man erst die Theorie des Tauchens versteht, fällt die Praxis nicht mehr schwer. Ausreichendes Training ist wichtig, damit man im Fall des Falles instinktiv richtig reagiert.

Die meisten haben beim Tauchen zunächst etwas Angst, man sollte deshalb in einem Schwimmbecken oder sicherem Flachwasser beginnen. Ist die erste Phase beendet, sollte man das Tauchtraining in tropischen Gewässern vervollständigen. Die meisten Tauchschulen bieten Kurse an, bei denen man zunächst im Klassenzimmer und Schwimmbecken lernt, bevor man sich im offenen Meer weiter schult, wo das warme Wasser, herrliche Korallen und bunte Fische TaucherInnen fesseln, eventuelle Ängste abbauen und Selbstvertrauen schaffen.

Das Reizvolle am Sporttauchen ist unter anderem, Fische aus nächster Nähe beobachten zu können, wie Stachel- und andere Anemonenfische (ganz oben und oben) sowie Rittergrundeln (rechts).

TaucherInnen müssen zwar schwimmen können, aber keine starken Schwimmer sein. Wenn man sich im Wasser wohl fühlt, 200 m schwimmen, zehn Minuten Wassertreten kann und bei normaler Gesundheit ist, reicht das aus. Einige leiden unter Klaustrophobie oder Angst, atmen zu heftig oder können Ohren und Stirnhöhlen nicht frei halten; man sollte also zuerst prüfen, ob Tauchen das Richtige für einen ist, bevor man sich diesem ungewöhnlichen Sport verschreibt.

Alle anerkannten Tauchschulen bieten Einführungskurse im Schwimmbecken, bei denen ein Lehrer Neulinge mit der Ausrüstung und einigen Techniken vertraut macht; dann dürfen sie unter Aufsicht im Flachwasser tauchen.

Diese Einführungskurse vermitteln normalerweise ein Gefühl für den Sport. Wer weitermachen möchte, sollte zunächst nur Maske, Schnorchel, Flossen und Bleigürtel kaufen, alles andere bei der Tauchschule leihen, bis feststeht, ob man beim Tauchen bleiben will oder nicht.

TaucherInnen bauen ihre Erfahrung langsam aus, sodass sie sich unter anderen oder schwierigeren

Begegnungen, wie mit diesem Riesen-Zackenbarsch beim Wrack der President Coolidge bei Vanuatu, sind immer ein Erlebnis.

Bedingungen behaupten können. Die Erfahrung wächst mit jedem Tauchgang. Man lernt aus guten Tauchgängen und denen, bei denen es Pannen gegeben hat. Sporttauchen birgt, wie jede etwas riskantere Sportart, ein gewisses Risiko, das bei guter Ausbildung jedoch auf ein vernünftiges Maß begrenzt werden kann.

Äquivalenzliste

Es gibt zahlreiche internationale Tauchverbände, die eine ähnliche Ausbildung unter unterschiedlichen Namen bieten. Die CMAS-GERMANY erkennt folgende Brevets als weitgehend äquivalent an. (Stand 2001)

Eingangsstufe: Grundtauchschein

VDTL	VDTL-Grundkurs
DIWA	Basic Diver
ÖBV	Brevet * (Ein-Stern)
VEST	Basic Diver
FIT	FIT Elementar

Diese Brevets schließen normalerweise kein Rettungstraining ein.

Erste Stufe: DTSA-Bronze / CMAS *

NAUI	Open Water Diver /
PADI	Open Water Diver
VDTL	Elementar *
DIWA	Open Water Scuba Diver
UDI	Open Water Diver und insgesamt 6 Tauchgänge
PDIC	Open Water Diver
SSI	Open Water Diver
ÖBV	Brevet ** (ÖBV Bronze)
VEST	Open Water Bronze
FIT	FIT Bronze /*

Zweite Stufe: DTSA-Silber / CMAS **
als Voraussetzung für

NAUI	Advanced SCUBA Diver und VDST-Spezialkurs »Orientierung, HLW-Kurs und insgesamt 50 TG
PADI	Advanced Open Water Diver und VDST-Spezialkurs »Orientierung« oder PADI UW-Navigator und HLW-Kurs oder PADI First Aid und insgesamt 50 TG
VDTL	VDTL **
DIWA	Master Scuba Diver und VDST-Spezialkurs »Orientierung« und insgesamt 50 TG
PDIC	Advanced Open Water Diver und VDST-Spezialkurs »Orientierung« und HLW-Kurs und insgesamt 50 TG
UDI	Advanced Open Water Diver und VDST-Spezialkurs »Orientierung«, HLW-Kurs und insges. 50 TG
SSI	Advanced Open Water Diver und SSI-Spezialkurs »Navigation« oder VDST-Spezialkurs »Orientierung«, HLW-Kurs und insgesamt 50 TG
ÖBV	Brevet *** (ÖBV Silber) und VDST- oder ÖBV-Spezialkurs »Orientierung«, HLW-Kurs
VEST	Open Water Silber
FIT	FIT Silber **

Umweltschutz

Aus dem All betrachtet, beherrschen die Weltmeere die Erde. Sie bedecken den größten Teil unseres Planeten, liefern uns Nahrung, viel Platz zur Erholung und spielen eine entscheidende Rolle für das Weltklima. Noch bis in neuere Zeit erschienen die Meere dem Menschen so groß, dass er keinen Einfluss auf sie zu haben glaubte, bis er nach Jahrzehnten der Verschmutzung und des Überfischens erkannte, dass es eine Grenze beim Umgang mit ihnen gibt.

Die Natur zerstört dann und wann durch Stürme und Wellen ein Korallenriff, aber einige Aktivitäten des Menschen wie das Fischen mit Sprengstoff, der Abbau von Korallen, die Landgewinnung, das Versanden durch Ausbaggern oder Abholzen und das wahllose Sammeln von Korallen für Souvenirzwecke sind ebenso zerstörerisch. Überfischen dezimiert die Fischbestände, stört die Nahrungskette und kann zur Veralgung der Korallen führen, wenn Pflanzen fressende Fische ausgerottet werden.

Umweltschützer sind zunehmend besorgt über die Schäden, die einige Taucher den lebenden Korallen zufügen. Einige Tauchveranstalter in tropischen Gewässern haben den Gebrauch von Handschuhen (außer beim Wracktauchen) untersagt, damit die TaucherInnen sich nicht an den Korallen festhalten. Wenn ein Taucher sich auf dem Grund niederlässt, etwa um die Ausrüstung zu richten, sollte er das nur auf Sandflächen tun, damit er keine Korallen oder andere Meerestiere tötet.

Das wachsende Umweltbewusstsein hat den Ökotourismus gefördert. »Mach Fotos, aber keine Fußabdrücke«, heißt es oft, aber im Meer können auch Fußabdrücke, wie jede Berührung, zum Absterben von Korallen führen. Man kann Ökotourismus auch so beschreiben: Touristen dahin zu bringen, sich umweltfreundlich zu verhalten. Zur Förderung des Ökotourismus ist oft nur wenig Kapital erforderlich, dem Beschäftigung und Einkommen für die heimische Bevölkerung gegenüberstehen. Langfristig ist der Ökotourismus meist profitabler als das Abholzen von Wäldern oder das Überfischen.

Viele Taucher und Tauchveranstalter bemühen sich intensiv um den Schutz der Riffe und marinen Ökosysteme, aber wir müssen schließlich auch irgendwo essen und schlafen. Wenn eine kleine Ferienanlage kein Müllentsorgungssystem hat, werden die nahen Riffe vermutlich nicht unwiederbringlich geschädigt. Wenn diese Riffe aber immer mehr Taucher anziehen und weitere Anlagen entstehen, werden strenge Kontrollen notwendig, für die Hotels, alle Taucher und Tauchboote.

Die Sonne beleuchtet eine Weichkoralle und Gorgonie von hinten. Der Schutz der empfindlichen Riffsysteme ist eine Aufgabe für alle Taucher.

Nicht nur an Korallenriffs beeinflussen Taucher das Ökosystem, aber an besonders beliebten Riffen sind oft große Ansammlungen von Tauchern zu treffen. Sorgen bereitet auch das Verhalten einiger Taucher an manchen Sammelplätzen größerer Tiere, was jedoch durch Aufklärung der Taucher und Veranstalter gesteuert werden kann. Der Schutz der Meeresumwelt sollte das Anliegen der Taucher, Tauchveranstalter und Hotels sein.

Einige Richtlinien

- Keine lebenden Meerestiere oder –organismen berühren.
- Besonders vorsichtig mit den Flossen arbeiten, da man mit ihnen große Korallenbereiche zerstören kann. Am Riff nicht stark mit den Flossen schlagen, da die Verwirbelungen zarte Organismen stören können.
- Auftriebskontrolle beherrschen – zu schnell abtauchende oder schlecht austarierte Taucher richten schwere Schäden an, wenn sie auf die Korallen prallen. Gut austarieren; wer länger nicht mehr getaucht ist, sollte dort üben, wo er keinen Schaden anrichtet.
- Keinen Sand aufwirbeln. Der sich wieder setzende Sand kann Korallen ersticken. Auch Schnorchler müssen darauf achten, wenn sie in flachen Riffbereichen Wasser treten.
- Sich nicht auf Korallen stellen oder für Fotos in Korb- oder Tonnenschwämmen posieren, denn lebende Korallenpolypen sterben bei der geringsten Berührung ab.
- Wer die Kontrolle verliert und auf das Riff zu prallen droht, sollte sich mit den Fingerspitzen auf abgestorbenen oder algenüberwachsenen Riffteilen abstützen. Die Ausrüstung immer abseits vom Riff auf sandigem Boden korrigieren.
- Keine Muscheln, Korallen, Seesterne, Schildkrötenpanzer oder andere Meeresandenken sammeln oder kaufen.
- Von jedem Tauchausflug den eigenen Abfall wieder mit zurückbringen, damit er an Land richtig entsorgt werden kann.
- In Unterwasserhöhlen umsichtig sein. Nicht mit zu vielen Tauchern auf einmal in die Höhlen schwimmen und nicht zu lange dort verweilen, da sich die Luftblasen an der Decke sammeln und die dort lebenden Organismen in der Luft »ertrinken« können.
- Wer eine Tauchkreuzfahrt bucht, sollte sich nach den Umweltstandards des Veranstalters erkundigen – vor allem mit Blick auf das Ankern und die Abwasserbeseitigung. Man meide Boote, die unnötige Ankerschäden verursachen, Öl verlieren oder in der Nähe von Riffen unbehandelte Abwässer oder Abfall ins Meer leiten.
- Nicht zum Spaß mit Harpunen fischen. Das gezielte Töten der größeren Fische stört die Fortpflanzungskette. Wer mit dem Boot unterwegs ist und Fische zum Leben harpunieren muss, sollte die heimischen Fische und Jagdvorschriften kennen und sich die notwendigen Genehmigungen beschaffen.
- Meeresorganismen nicht zu Fotozwecken umsetzen oder mit ihnen spielen. Insbesondere nicht auf Meeresschildkröten, Mantas oder Walhaien reiten, da dies die Tiere erheblich stresst.
- Zum Füttern von Fischen gibt es zwei Meinungen. Die meisten Umweltschützer sind dagegen. Es erscheint vielleicht unbedenklich, kann jedoch das normale Fressverhalten der Tiere stören, Aggressionen hervorrufen und schädlich für sie sein, wenn sie etwas bekommen, was sie normalerweise nicht fressen. Die Gegenseite argumentiert, das gezielte Füttern einiger Haie, Delfine, Riesenzackenbarsche und Stechrochen habe zu Thementauchgängen mit der positiven Erkenntnis geführt, dass diese Tiere als lebende Tauchattraktion wertvoller sind als wenn sie tot wären. Diese »Werbung« dient dem Schutz der Tiere, die ansonsten abgefischt würden.

Die Kunst des Tauchens

Jeder Taucher muss wissen, wie Wasser- und Gasdruck auf den Körper wirken, damit der Sport sicher bleibt. Alle Gesetze sind im Grunde unkompliziert und gut verständlich. Aber wir sind an das Leben in Luft gewöhnt. Sobald wir uns unter Wasser wagen, ändert sich unsere Wahrnehmung von Gewicht, Farben, Entfernung, Größe und Lauten. Wasser führt Wärme schnell vom Körper ab, und der Druck, der in der Tiefe auf die eingeatmeten Gase, auf das Blut und die Gewebe, die diese Gase transportieren, sowie auf die lufthaltigen Hohlräume im Körper wirkt, hat physiologische Auswirkungen auf den Taucher.

Wasser

Wasser besteht aus zwei Wasserstoffatomen, die an ein Sauerstoffatom gebunden sind (H_2O). Bei normalen Temperaturen und Druckverhältnissen ist es flüssig, und Flüssigkeiten können bei den beim Tauchen auftretenden Drücken als nicht komprimierbar betrachtet werden. Wasser ist insofern ungewöhnlich, als seine Dichte unter 4 °C abnimmt, sodass gefrorenes Wasser (Eis) an der Oberfläche schwimmt statt zu sinken.

Auftrieb

Nach dem Archimedischen Prinzip erfährt ein Körper, der ganz oder teilweise in eine Flüssigkeit eintaucht, einen Auftrieb, der dem Gewicht der von dem Körper verdrängten Flüssigkeit entspricht. Anders ausgedrückt: wenn ein Körper eine geringere Dichte hat als die Flüssigkeit, in der er sich befindet, schwimmt er (positiver Auftrieb), ist seine Dichte dagegen höher, sinkt er (negativer Auftrieb). Ein Taucher kann sein Gewicht durch einen Bleigürtel erhöhen, Volumen kann geringfügig dadurch beeinflusst werden, wie tief man atmet, in größerem Umfang durch Veränderung der Luftmenge im Tarierjacket, bis die Gesamtdichte des Tauchers der des umgebenden Wassers entspricht. Dann ist sein Auftrieb neutral. (Vgl. Bleigürtel S. 35 und Tarierjackets S. 36.) Je dichter die Flüssigkeit ist, desto mehr Auftrieb hat sie. Salzwasser ist durch gelöste Salze dichter als Süßwasser und hat mehr Auftrieb.

Rechts: Richtig austariert, kommt man dem Riff nicht zu nahe.
Unten: Die richtige Austarierung ist eine Frage der Gewichts- und Atemkontrolle und erfordert Zeit zum Lernen.

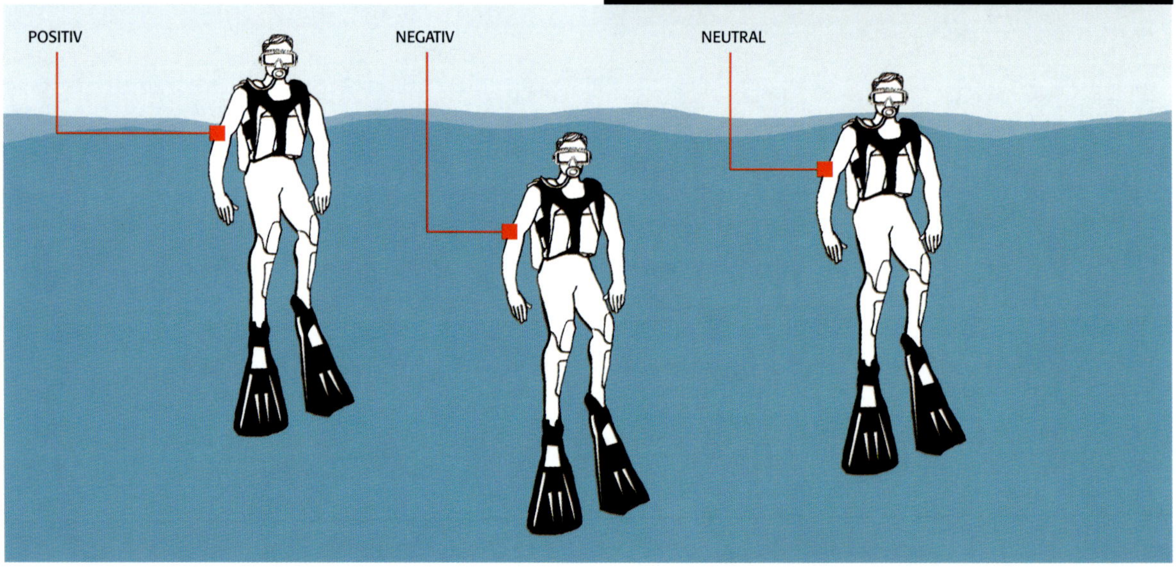

Luft

Die meisten Sporttaucher atmen Druckluft, ein Gemisch aus farb-, geruch- und geschmacklosen Gasen. Normale Luft setzt sich aus etwa 78 Prozent Stickstoff, 21 Prozent Sauerstoff und 1 Prozent anderen Gasen zusammen.

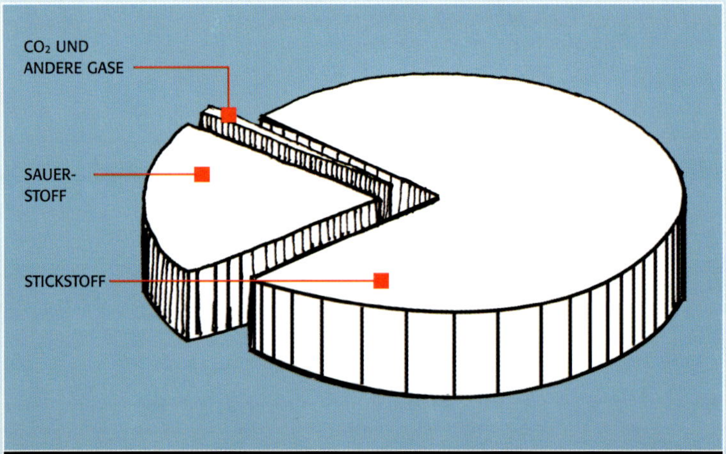

Das Tortendiagramm zeigt, wie sich die Atemluft zusammensetzt.

Stickstoff ist der Hauptbestandteil der Luft, aber der Körper kann ihn beim Atmen nicht nutzen. Unter dem erhöhten Druck beim Tauchen löst sich mehr Stickstoff als gewöhnlich im Blut und Gewebe. Wenn wir tief genug tauchen, beeinträchtigt er das zentrale Nervensystem und führt zur Stickstoffnarkose (die der Trunkenheit ähnelt). Dieser vermehrt gelöste Stickstoff wird beim Auftauchen vom Blut und Gewebe abgegeben. Erfolgt das Auftauchen zu schnell, wird der Stickstoff zu schnell ausgeschieden und kann Blasen bilden, die zu groß sind, um sicher freigesetzt werden zu können. Die Blasen können Gefäße oder Gewebe verstopfen und zur Caissonkrankheit führen (vgl. S. 27). Blockieren die Blasen die Versorgung des Gehirns oder Herzens mit Blut, sind bleibende Schäden oder der Tod möglich.

Sauerstoff ist zur Umwandlung von Nahrung in Energie nötig. Bei ausreichendem Druck wird Sauerstoff jedoch giftig und bewirkt Krämpfe, die unter Wasser besonders gefährlich sind. Viele fortgeschrittene Taucher verwenden heute Enriched Air Nitrox (EAN) – mit Sauerstoff angereicherte Luft, die entsprechend weniger Stickstoff enthält, was der Stickstoffnarkose und Caissonkrankheit vorbeugt (vgl. Enriched Air Nitrox, S. 92).

Kohlendioxid, ein wichtiger Bestandteil der ausgeatmeten Luft, entsteht als Nebenprodukt, wenn Nahrung und Sauerstoff in Energie umgewandelt werden. Körpereigene Sensoren messen den Gehalt des sich im Blut und Atemsystem bildenden Kohlendioxids und signalisieren dem Gehirn bei zu hoher Konzentration, entweder anzufangen zu atmen oder schneller zu atmen.

Kohlenmonoxid, das bei unvollständiger Verbrennung entsteht, ist hochgiftig, da es das Hämoglobin im Blut weit fester bindet als den Sauerstoff. Das so gebundene Hämoglobin kann dann den lebensnotwendigen Sauerstoff nicht mehr transportieren. Taucher sind gefährdet, weil Kohlenmonoxid in die Tauchflaschen gelangen kann – durch mangelhafte Kompressoren oder wenn der Lufteinlass des Kompressors Abgase von außen ansaugen kann.

Helium ist ein geruchloses Edelgas, das beim Tieftauchen anstelle von Stickstoff benutzt wird, um dessen betäubende Wirkung zu vermeiden. Es beeinträchtigt aber die Stimme, leitet Wärme rasch vom Körper ab und verlangt komplizierte Dekompressionspläne.

Die Gasgesetze

Gase sind Substanzen, die sich entweder ausdehnen und den vorhandenen Raum ausfüllen, oder auf ein kleineres Volumen komprimiert werden können. Zum besseren Verständnis des Verhaltens von Gasen unter Wasser müssen Taucher ein wenig von den Gasgesetzen verstehen.

Boyle-Mariottesches Gesetz

Solange die Temperatur gleich bleibt, ist der Druck umgekehrt proportional zum Volumen.

Dieses Gesetz besagt mit anderen Worten, dass das Gasvolumen abnimmt, wenn der Druck auf ein Gas steigt. Man kann es auch so ausdrücken: wenn die Temperatur unverändert bleibt, bleibt das Produkt aus Druck und Volumen eines Gases ebenfalls unverändert.

$p \times V = K$

(p = absoluter Druck, V = Volumen, K = Konstante)

Wenn p und V sich ändern $p_1 \times V_1 = K$

Und $p_2 \times V_2$ auch $= K$

Ergibt eine Zusammenfassung der beiden Gleichungen:

$$p_1 \times V_1 = p_2 \times V_2$$

Wird eine bestimmte Menge Gas in einen festen Behälter gepumpt (etwa eine Tauchflasche), kann sich das Flaschenvolumen nicht ändern und bestimmt damit den Gasdruck im Innern. Wird die gleiche Menge Gas aber in einen elastischen Behälter gepumpt (etwa einen Ballon), dehnt sich der Behälter aus, um den Druck im Behälter dem Druck des Gases oder der Flüssigkeit außerhalb des Behälters anzupassen. In dem Fall entscheidet der Druck über das Volumen des Behälters.

Auf Meereshöhe beträgt der Luftdruck 1 bar. In 10 m Tiefe verdoppelt er sich auf 2 bar und steigt pro 10 m um jeweils 1 bar.

Stellen Sie sich eine offene, mit Luft gefüllte, umgedrehte Flasche auf dem Wasser vor. In 10 m Tiefe, bei 2 bar Druck, wird die Luft in dieser Flasche auf die Hälfte ihres ursprünglichen Volumens komprimiert.

In 20 m, bei 3 bar Druck, wird die Luft in der Flasche auf ein Drittel ihres ursprünglichen Volumens komprimiert, in 30 m, bei 4 bar, auf ein Viertel. Steigt die Flasche hoch, geschieht das Gegenteil und die Luft in der Flasche dehnt sich im Verhältnis zum abnehmenden Druck aus. In Amerika verwendet man statt bar häufig PSI und statt Meter Feet (FT).

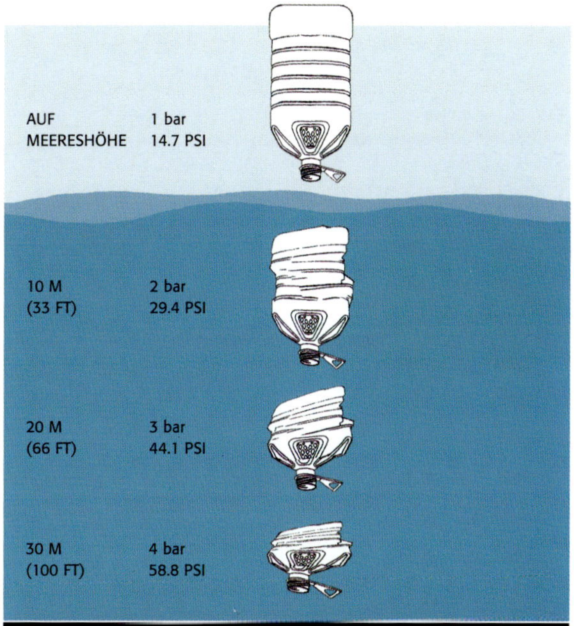

Die Wirkung des Druckes ändert sich mit der Tiefe. Steigt der Druck auf ein Gas, nimmt sein Volumen ab und umgekehrt.

Sind Druck und Volumen eines Gases umgekehrt proportional, so sind Druck und Dichte eines Gases direkt proportional. Wenn wir also den Druck erhöhen, nimmt das Volumen eines Gases ab; der Raum zwischen den Molekülen wird kleiner, und das Gas wird dichter. Bei doppeltem Luftdruck hat ein gegebenes Gasvolumen die doppelte Dichte wie an der Oberfläche und so fort. Das erklärt, warum Taucher den Inhalt ihrer Tauchflasche in der Tiefe schneller aufbrauchen. Ein Atemzug bei doppeltem Luftdruck verbraucht doppelt so viele Luftmoleküle aus der Flasche wie an der Oberfläche. Daher reicht eine Flasche bei drei Atmosphären Druck nur ein Drittel so lange wie an der Oberfläche.

Gay-Lussac-Gesetz

Das Volumen einer Gasmenge ist bei gleichbleibendem Druck der absoluten Temperatur direkt proportional. (Das heißt, wenn die Temperatur steigt, nimmt auch das Volumen zu.)

Taucher müssen Luft mit einem Druck atmen, der dem des umgebenden Wassers entspricht. Da dieser Druck mit der Tiefe zunimmt, atmen Taucher über einen Atemregler, der den Druck der komprimierten Luft in der Tauchflasche auf den Druck reduziert, der dem des Wassers in der Tiefe entspricht, in der sich die Lunge des Tauchers befindet. Die modernen Atemregler liefern nur Luft, wenn sie benötigt wird, sind also bedarfsgesteuert (vgl. S. 44).

Bei jedem Tauchgang gibt es einige mit Gas gefüllte Hohlräume, etwa das Tarierjacket, Flaschen, Masken und sogar die Bläschen im Tauchanzug. Auch im Körper gibt es gasgefüllte Hohlräume wie Stirnhöhlen, Ohren, Magen und Lunge (vgl. S. 29).

Bis auf die starren Tauchflaschen ziehen sich all diese gasgefüllten Räume beim Abtauchen zusammen und dehnen sich beim Auftauchen aus.

Beim Auftauchen müssen Taucher darauf achten, häufig genug auszuatmen, um die sich in der Lunge ausdehnende Luft loszuwerden, und auch daran denken, Ohren und Stirnhöhlen auszugleichen, um Gewebeschäden oder ein Barotrauma zu vermeiden (vgl. S. 28).

Nach gängiger Meinung dehnen sich Gase im Körper eines Tauchers in den oberen 10 Metern eines Tauchgangs besonders stark aus. Taucher sollten daher auf den letzten 10 Metern kräftig ausatmen und sehr langsam aufsteigen.

Beim Füllen von Tauchflaschen ist höchste Sorgfalt nötig, damit jederzeit die Reinheit der Luft gewährleistet ist und keine Verunreinigung erfolgt.

Die allgemeine Zustandsgleichung

Bleibt das Volumen einer bestimmten Gasmenge konstant, ist der Druck direkt proportional zur Temperatur.

Steigt die Temperatur, steigt auch der Druck. Ähnlich erhöht sich mit dem Druck auch die Temperatur. Aus diesem Grund sollte man volle Tauchflaschen nicht neben Wärmequellen oder in praller Sonne lagern, da das sich ausdehnende Gas sie zum Platzen bringen kann. Als Faustregel gilt: der Druck in einer vollen Tauchflasche ändert sich mit jedem Grad Celsius um 0,6 bar. (Pro 1 °F Temperaturänderung ändert sich der Druck in einer vollen Tauchflasche um 5 psi.)

Das Boyle-Mariottesche, das Amontonssche Gesetz und die allgemeine Zustandsgleichung können wie folgt zusammengefasst werden:

$$\frac{p \times V}{T} = K$$

Dabei ist p = absoluter Druck, V = Volumen, T = absolute Temperatur, K = Konstante.
Das ergibt die mathematische Gleichung:

$$\frac{p_1 \times V_1}{T_1} = K$$

Aber wenn sich etwas ändert, dann

$$\frac{p_2 \times V_2}{T_2} \text{ ist ebenfalls} = K$$

Die Zusammenfassung der beiden Gleichungen ergibt die Gleichung für das allgemeine Gasgesetz:

$$\frac{p_1 \times V_1}{T_1} = \frac{p_2 \times V_2}{T_2}$$

Beim Füllen oder Leeren einer Tauchflasche sind V_1 und V_2 identisch, lassen sich also kürzen, sodass sich folgende Gleichung ergibt:

$$\frac{p_1}{T_1} = \frac{p_2}{T_2}$$

In der Praxis kann man unmöglich verhindern, dass sich alle drei Parameter gleichzeitig ändern. Beim Füllen einer Flasche mit einem Kompressor wird z. B. die Luft durch den Kompressor erwärmt und erwärmt ihrerseits die Flasche.

Daltonsches Gesetz

In einem Gemisch von Gasen ist der von jedem der einzelnen Gase ausgeübte Druck gleich dem, den es ausüben würde, wenn es allein den gesamten Raum ausfüllen könnte.

Der von einem Gemisch von Gasen ausgeübte Gesamtdruck ist also gleich der Summe der Partialdrücke der Gase des Gemischs. Anders ausgedrückt: jedes Gas in einem Gemisch von Gasen reagiert unabhängig von den anderen Gasen. Werden Gase gemischt, sind ihre Moleküle trotz Unterschied in Größe und Molekulargewicht in ständiger Bewegung und vermischen sich leicht. In einem Gasgemisch übt jedes Gas einen Druck aus, der proportional zum Anteil dieses Gases am Gemisch ist. Den Druck, den ein einzelnes Gas in einem Gasgemisch ausübt, nennt man Partialdruck.

Wenn wir annehmen, dass Luft zu vier Fünfteln aus Stickstoff und einem Fünftel aus Sauerstoff besteht, üben die Stickstoffmoleküle vier Fünftel des Drucks aus, die Sauerstoffmoleküle ein Fünftel. Beträgt der Gesamtdruck eine Atmosphäre, ist der Partialdruck des Stickstoffs vier Fünftel, der des Sauerstoffs ein Fünftel Atmosphäre.

Mathematisch lässt sich das Daltonsche Gesetz wie folgt ausdrücken:

p gesamt $= p_A + p_B + p_C$ etc.

oder $p_A = p$ gesamt x % Volumen A

wobei A, B und C die einzelnen Gase im Gemisch sind.

Taucht der Taucher ab, steigt der Druck des Wassers in der Tiefe, in der auch seine Lunge ist, aber auch der Druck in der Lunge. Die Lunge ist elastisch, nimmt also, um ihr ursprüngliches Volumen zu behalten, mehr Gas über den Regler auf.

Während die Anteile an einem Gasgemisch konstant bleiben, nimmt die Zahl der Gasmoleküle in einem gegebenen Volumen mit dem Druck zu. Das heißt, wir nehmen in der Tiefe mit jedem Atemzug erheblich mehr von den einzelnen Gasen auf als an der Wasseroberfläche. Bei gesteigerter Aufnahme wird selbst ein normalerweise sicheres Gas wie Sauerstoff giftig. Füllt man eine Tauchflasche mit einem schlecht platzierten Kompressor mit mengenmäßig 0,5 Prozent Kohlenmonoxid, würde man an der Oberfläche nichts riechen oder schmecken und durch das Einatmen wohl nur Kopfschmerzen bekommen. In 40 m Tiefe steigt der Partialdruck des Kohlenmonoxids jedoch so, als würde man an der Oberfläche mengenmäßig 2,5 Prozent des Gases einatmen – ein tödlicher Wert.

Enriched Air Nitrox und das Daltonsche Gesetz

Inzwischen verwenden viele Taucher Enriched Air Nitrox (EAN) – hier wird ein Teil des Stickstoffs durch zusätzlichen Sauerstoff ersetzt (vgl. S. 92). Verglichen mit einem Taucher, der normale Luft atmet, nehmen Taucher, die EAN atmen, für eine vorgegebene Tiefe und Dauer weniger Stickstoff auf und haben daher eine längere Nullzeit oder eine kürzere Dekozeit.

Bei einem Partialdruck von mehr als 1,4 ata (absolute Atmosphäre) ist die Sauerstofftoxizität jedoch nicht mehr akzeptabel. Beim Tauchen mit normaler Luft träte dieser Sauerstoffpartialdruck nur in für Sporttaucher verbotenen Tiefen auf, mit EAN jedoch in erlaubten Tiefen. Taucher müssen auf die Tiefenlimits achten, die für den Sauerstoffanteil im Gemisch gelten.

Henrysches Gesetz

Dieses Gesetz behandelt die Absorption von Gasen durch Flüssigkeiten. Die Gasmenge, die sich bei einer gegebenen Temperatur in einer Flüssigkeit löst, ist dem Partialdruck dieses Gases proportional.

Die Löslichkeit von Gas in Flüssigkeit wird also von mindestens zwei Faktoren beeinflusst – dem Druck und der Temperatur. Der Raum zwischen den Molekülen ist bei Flüssigkeiten größer als bei festen Stoffen, aber kleiner als bei Gasen. Der Raum zwischen den Flüssigkeitsmolekülen reicht aus, einige Gasmoleküle aufzunehmen. Wenn das geschieht, ist das Gas in der Flüssigkeit gelöst. Gelöste Gasmoleküle bewahren ihre Gaseigenschaften. Obwohl vollständig von Flüssigkeitsmolekülen umgeben, üben die Gasmoleküle in der Flüssigkeit noch einen Druck aus, die so genannte Gasspannung.

Betrachten wir einen Behälter mit Flüssigkeit, in der zunächst kein Gas gelöst ist. Die Gasspannung ist also null. Die Gasmoleküle bewegen sich vom hohen zum niedrigen Druck; kommt diese Flüssigkeit mit Gas in Kontakt, dringen die Gasmoleküle in sie ein, weil sie eine geringere Gasspannung hat. Setzt sich dieser Vorgang fort, steigt die Gasspannung, bis der Gasdruck in der Flüssigkeit dem des Gases entspricht, das mit der Flüssigkeit in Kontakt ist. Die Flüssigkeit ist dann gesättigt, Gasmoleküle dringen in die Lösung ein und treten aus, aber es findet kein Nettoaustausch von Gas statt.

Den Unterschied zwischen dem Partialdruck des Gases, das in Kontakt mit der Flüssigkeit ist, und der Gasspannung in der Flüssigkeit nennt man Druckgradient. Ist der Druckgradient hoch, ist auch die Absorptionsrate des Gases durch die Flüssigkeit hoch.

Verringert sich der Druck auf das Gas, das mit der Flüssigkeit in Kontakt ist, kehrt sich der Druckgradient um. Die Flüssigkeit ist nun übersättigt (enthält mehr Gas, als sie bei dem neuen Druck in gelöster Form aufnehmen kann). Es entweichen also Gase aus der Lösung, bis die Gasspannung in der Flüssigkeit wieder dem Druck der Gase entspricht, die in Kontakt mit ihr sind.

Vermindert sich der Druck rasch, entweicht das Gas schneller aus der Lösung als sie in das Gas diffundieren kann, das Kontakt mit der Flüssigkeit hat, und das Gas bildet Blasen.

Beim Tauchen absorbieren oder entsättigen die Körpergewebe Stickstoff je nach Tiefe unterschiedlich schnell. Das hängt außerdem noch vom Blutkreislauf, der Temperatur und der tatsächlichen Anstrengung ab.

Solange der Taucher langsam zurück zur Oberfläche aufgestiegen ist, setzt der Körper den Stickstoff langsam und gefahrlos frei. Erfolgt das Auftauchen nicht vorschriftsmäßig, kann Stickstoff so schnell freigesetzt werden, dass sich Blasen im Gewebe bilden, was zur Caissonkrankheit führen kann (vgl. S. 27).

Messsysteme

In den meisten Ländern beruhen die Maße auf dem metrischen System (Meter, Kilogramm, Liter, etc.). Es ist anwenderfreundlich, weil es mit 10-er Einheiten arbeitet. Einige Länder verwenden noch das englische Maßsystem (Fuß, engl. Pfund, Pint, etc.). Das Messen in Fuß ist praktisch, weil 12 durch 2, 3, 4 und 6 teilbar ist, die 10 dagegen nur durch 2 und 5. Ein Kilogramm ist das Gewicht von einem Liter Wasser. Ein Meter ist von der Lichtgeschwindigkeit in einem Vakuum abgeleitet und entspricht 39,37 inch.

Druck lässt sich in Kilogramm pro Quadratzentimeter, Pfund pro Quadratinch (psi) oder Millimeter Quecksilbersäule (mm Hg) ausdrücken.

Die Atmosphäre (die Luft, in der wir leben) hat ihr eigenes Gewicht, das als Druck gleichmäßig in alle Richtungen auf uns und den Boden einwirkt.

Bei mittlerer Meereshöhe beträgt dieser so genannte Luftdruck eine Atmosphäre und entspricht 760 mm HG oder 14,7 psi bei 0°C (32°F). Im metrischen System entspricht das 1 bar. Der Luftdruck schwankt mit den Wetteränderungen und nimmt mit der Höhe ab. Die meisten Finimeter zeigen auf Meereshöhe 0 an, obwohl sie den Luftdruck anzeigen sollten. Das führt zu einem Unterschied beim Messen des wirklichen Drucks. Wenn ein Finimeter 200 bar (2.940 psi) anzeigt, bedeutet das in Wirklichkeit 200 bar über Luftdruck. Das ist der so genannte Manometerdruck, mit »g« bezeichnet nach dem Einheitsmaß (z.B. 1 bar Manometerdruck oder 14,7 psig). Wäre der Finimeter aber wirklich auf null geeicht, wie in einem Vakuum, würde er 201 bar (2.955 psi) anzeigen, wobei das zusätzliche bar dem Luftdruck entspräche. Bei einer solchen Anzeige spricht man von absolutem Druck, dessen Wert mit einem »a« gekennzeichnet wird (z.B. 1 bar absolut oder 14,7 psia). Beim Messen in Atmosphären wird ata für absolute Atmosphäre benutzt (veraltet). Tiefenmesser werten den Druck aus und zeigen nur in dem Medium genau an, für das sie geeicht sind. Ein auf Meerwasser geeichtes Gerät ist in Süßwasser ungenau, ein auf Meereshöhe eingestelltes zeigt in Höhenlage falsche Werte.

Temperaturen misst das metrische System in Grad Celsius (°C), das englische System in Grad Fahrenheit (°F). Beide Systeme beziehen sich auf den Gefrierpunkt (0 °C oder 32 °F) und den Siedepunkt (100 °C oder 212 °F) von Wasser.

Zum Umrechnen von Celsius in Fahrenheit multipliziert man die Celsius-Zahl mit 9, dividiert durch 5 und addiert 32: (°C x 9 4 5) + 32 = °F. Zum Umrechnen von Fahrenheit in Celsius zieht man von der Fahrenheit-Zahl 32 ab, multipliziert das Ergebnis mit 5 und teilt es durch 9: (°F –32) x 5 ÷ 9 = °C.

Ein Barometer misst die Veränderungen des Luftdrucks.

Tauchen und der Körper

Dank der Tauchausrüstung können wir unter Wasser atmen. Die Atemregler erhöhen jedoch den Atemwiderstand, der beim Abstieg immer größer wird, wobei der steigende äußere Druck auf die Lunge deren Ausdehnung erschwert und die Atemgase verdichtet. So wie Sportler sich durch Training steigern, akklimatisieren sich Taucher durch regelmäßiges Tauchen. Der Sauerstoffverbrauch verringert sich, da der Körper lernt, Sauerstoff effizienter zu nutzen, und die Widerstandsfähigkeit gegen die Bildung von Kohlendioxid wächst.

Das kardiovaskuläre System

Kreislauf und Atmung (das kardiovaskuläre System) versorgen den Körper mit Sauerstoff und Nährstoffen und entfernen Kohlendioxid. Nahrung wird im Körper in Kohlenhydrate umgewandelt, die chemisch mit Sauerstoff reagieren und zu Energie, Wasser und Kohlendioxid werden. Erhält Körpergewebe nicht genug Sauerstoff (O_2), kann es absterben (Hypoxie). Damit die notwendigen Sauerstoff- und Kohlendioxidwerte (CO_2) im Blut aufrechterhalten werden, steuert das Gehirn die Atmung entsprechend den Veränderungen des Kohlendioxidgehalts im Blut. Stellt das Gehirn die Bildung von Kohlendioxid fest, erfolgt normales Atmen. Bei Hyperventilation kann es jedoch zu Bewusstlosigkeit kommen, wenn das Atemzentrum nicht stimuliert wird, weil der Kohlendioxidgehalt gesunken ist und das Gehirn nicht richtig auf den Abfall des Sauerstoffgehalts reagiert. Das Gehirngewebe und Nervensystem verbrauchen fast ein Fünftel des vom Kreislauf transportierten Sauerstoffs. Erhalten sie nicht genug Sauerstoff, sterben sie binnen Minuten ab; anderes Körpergewebe kann stundenlang ohne Sauerstoff auskommen.

Beim Sport oder unter Stress steigen Tempo und Druck des Kreislaufs, sodass das Gewebe mehr Sauerstoff erhält und mehr Kohlendioxid abtransportiert wird. Blutdruck und –menge dürfen nicht so stark sinken, dass Gewebe abstirbt, und nicht so ansteigen, dass Arterien zerreißen.

Lerne dein Herz kennen

Der Körper reagiert auf Angst oder Stress mit der Ausschüttung von Adrenalin ins Blut, um die Herz- und Atemfrequenz zu steigern und die Blutgefäße zu verengen, um für Kampf oder Flucht gewappnet zu sein. Beim Freizeittauchen treten Stress und leichte körperliche Anstrengung auf; Personen mit Herzbeschwerden oder hohem Blutdruck sollten deshalb vorher einen Arzt aufsuchen, der auf Tauchen spezialisiert ist.

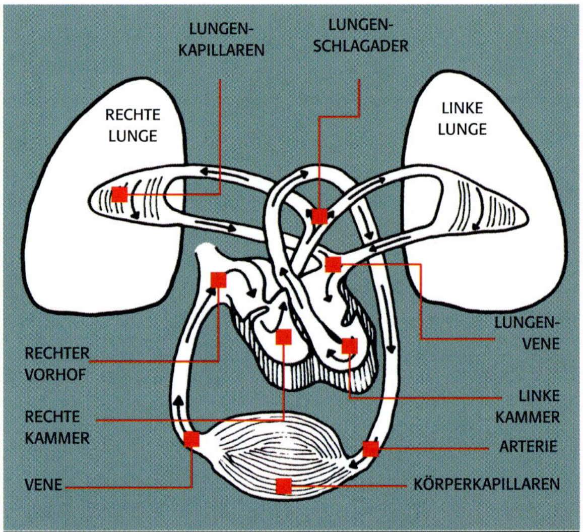

Oben: Sauerstoffreiches Blut aus der Lunge strömt in die linke Herzkammer und wird dann durch Arterien gepumpt, die sich in kleinere Arterien und schließlich in Haar- oder Kapillargefäße verzweigen. In den Kapillaren erfolgt der Austausch von Sauerstoff und Kohlendioxid im Blut, das dann durch die Venen zur Lunge zurückströmt. In der Lunge gibt das Blut das Kohlendioxid ab, nimmt neuen Sauerstoff auf, und der Zyklus beginnt erneut.
Rechts: Wer versteht, wie der Körper auf Druck- und Temperaturänderungen reagiert, taucht sicherer und mit mehr Spaß.

Hyperkapnie

Ein Übermaß an Kohlendioxid, das verschiedene Ursachen haben kann, aber meistens auf körperliche Überanstrengung und unzureichende Lungenventilation zurückgeht. Bei Überanstrengung erzeugt das Muskelgewebe schneller Kohlendioxid als das Atemsystem abgeben kann. Die hohen Kohlendioxidwerte regen zu schnellerer Atmung an, wodurch noch mehr Kohlendioxid entsteht, ein Teufelskreis, der erst dann unterbrochen wird, wenn der Taucher alle Aktivitäten einstellt und wieder normal atmet. Beim Ausatmen gelangt der letzte Teil der ausgeatmeten Luft nur bis zu den großen Atemwegen. Er wird nicht ausgestoßen, sondern mit dem nächsten Atemzug wieder eingeatmet; wir nennen den Abschnitt, der diese Luft enthält, Totraum. Wird der Totraum nicht richtig belüftet, können wir Hyperkapnie bekommen. Auch eine Kohlendioxidvergiftung und das Anhalten des Atems (etwa beim Anpirschen an einen Fisch) können Hyperkapnie zur Folge haben. Normalerweise hat man Kopfschmerzen, ist durcheinander und benommen, es kann aber auch zur Bewusstlosigkeit kommen.

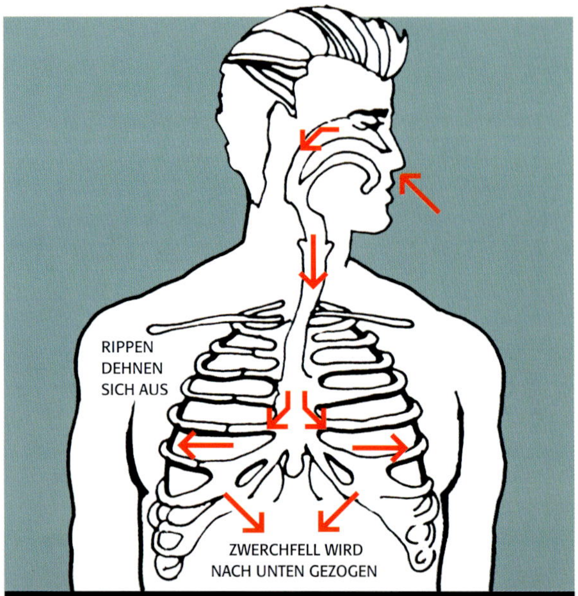

Einatmen: *Beim Einatmen wird die Brustwand von den Brustwandmuskeln nach außen und das Zwerchfell nach unten gezogen. So verringert sich der Druck in Brust und Lunge, und Luft strömt in die Lunge.*

Hypokapnie

Das Gegenteil der Hyperkapnie und die Folge von zu wenig Kohlendioxid. Ursache ist zumeist Hyperventilation infolge von Angst oder Stress. Da sich kein Kohlendioxid bilden kann, verspürt das Gehirn keine Notwendigkeit zu atmen und der Sauerstoffgehalt des Tauchers kann unter den Wert fallen, der zur Aufrechterhaltung des Bewusstseins notwendig ist. In der Tiefe ermöglicht der erhöhte Partialdruck des Sauerstoffs in der Lunge dem Körper, weiterhin Sauerstoff aufzunehmen, obwohl er unter den Wert gefallen ist, bei dem an der Oberfläche Bewusstlosigkeit einträte. Beim Auftauchen sinkt der Partialdruck des Sauerstoffs in der Lunge unter den Wert, bei dem der Sauerstoff Hämoglobin binden kann. Die Folge ist Hypoxie (Sauerstoffmangel), und der Taucher wird ohnmächtig. Man spricht hier auch von Flachwasserblackout oder Aufstiegshypoxie.

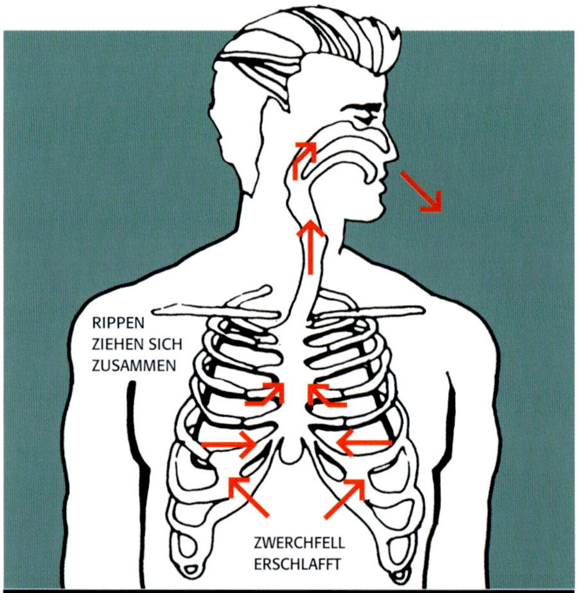

Ausatmen: *Das Ausatmen erfolgt überwiegend durch das elastische Erschlaffen der Lunge und Brustwand nach der Ausdehnung. Das erhöht den Druck im Brustraum und drückt die ausgeatmete Luft aus der Lunge. Das geschieht ohne Muskelkraft, außer wenn der Taucher bewusst kräftig ausatmet.*

Kohlenmonoxidvergiftung

Kohlenmonoxid bindet Hämoglobin im Blut 200-mal fester als Sauerstoff. Wo also Kohlenmonoxid und Sauerstoff vorhanden sind, bindet Kohlenmonoxid Hämoglobin eher als Sauerstoff, und diese Bindung ist schwer zu lösen. Man muss u.U. 8–12 Stunden saubere Luft atmen, bis das Kohlenmonoxid völlig ausgeschieden ist. Wenn Hämoglobin Kohlenmonoxid transportiert, kann es keinen Sauerstoff transportieren, wenn also eine Kohlenmonoxidvergiftung unbemerkt bleibt, kann Hypoxie eintreten.

Beim Tauchen lässt der erhöhte Druck die Lösung von genügend Sauerstoff zur Versorgung des Körpers im Blutplasma zu und verzögert das Einsetzen warnender Symptome wie Kopfschmerzen, Schwindel oder verengte Sicht. Beim Auftauchen reicht der Druck nicht mehr, um genügend Sauerstoff im Plasma zu lösen, und der Taucher wird ohnmächtig.

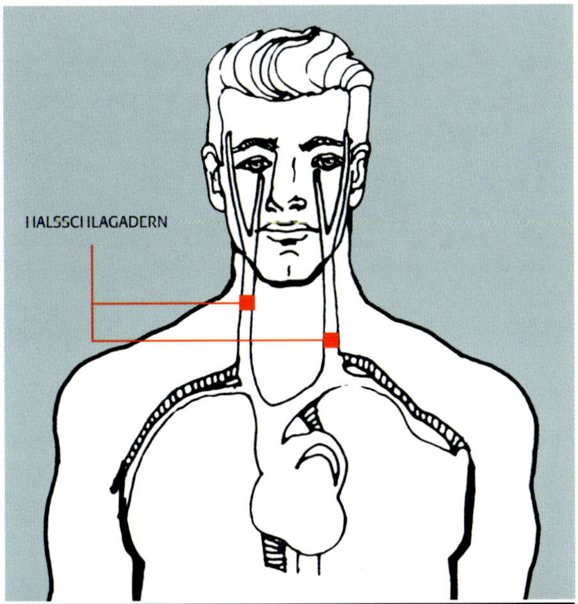

Karotissinus-Reflex: *Registriert der Sensor des Karotissinus hohen Blutdruck, signalisiert er dem Gehirn, den Herzschlag zu verringern. Ist die Anzugabdichtung am Hals zu eng oder drückt die Kopfhaube auf den Hals, kann der Sensor des Karotissinus das als hohen Blutdruck missdeuten und das Herz veranlassen, langsamer zu schlagen, was Bewusstlosigkeit verursacht.*

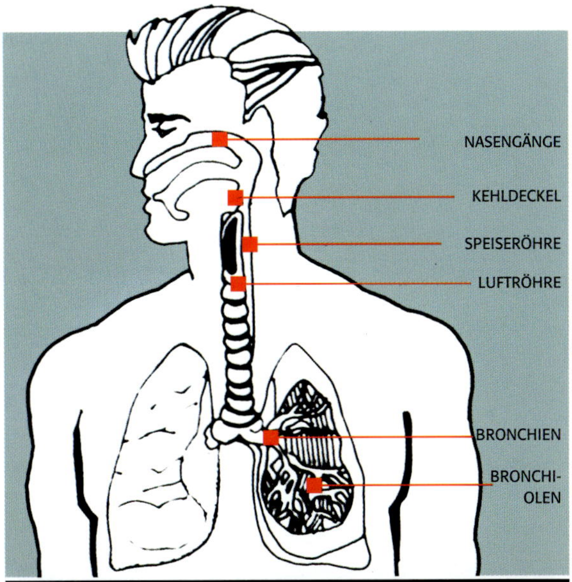

Atmung und Lunge: *Wenn wir einatmen, strömt Luft durch Mund, Nase und Sinus am Kehldeckel (der das Eindringen von Nahrung in die Luftröhre verhindert) vorbei in die Luftröhre. Sie gabelt sich in einen linken und rechten Ast (die Bronchien), die sich weiter in viele kleinere Verzweigungen (Bronchiolen) aufteilen. Die Bronchiolen enden in je einem Luftbläschen (Alveolen), die voller Kapillaren sind, wo die Gase leicht durch die dünnen Wände in das oder aus dem Blut diffundieren können.*

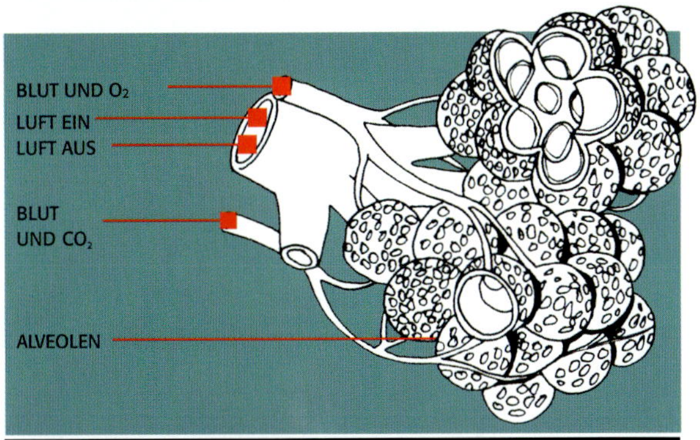

Die Lunge: *Sie ähnelt zwei großen Schwämmen, aber trotz der großen, für die Gasdiffusion verfügbaren Fläche absorbiert sie nur einen kleinen Prozentsatz des Sauerstoffs in jedem Atemzug. Sehr viel Sauerstoff verbleibt in der ausgeatmeten Luft, was auch die Wirksamkeit der Mund-zu-Mund-Beatmung erklärt (vgl. S. 78), die noch genügend Sauerstoff enthält, um Leben zu erhalten.*

Sauerstofftoxizität

Bei körperlicher Hochleistung unter Druck bildet sich im Blut Kohlendioxid, was das Hämoglobin zu schnellerer Abgabe von Sauerstoff veranlasst und das Gehirn einer höheren Sauerstoffkonzentration aussetzt. Die Bildung von Kohlendioxid signalisiert dem Gehirn auch, dass wir schneller atmen sollten; für anstrengende Tauchgänge sollte man deshalb kein sauerstoffreiches Atemgemisch verwenden.

Wie beim Stickstoff hat die Dauer, in der wir hohen Partialdrücken von Sauerstoff ausgesetzt sind, kumulative Wirkung. Beim normalen Sporttauchen ist das unerheblich, aber beim Tieftauchen, Tauchen mit angereicherter Luft oder einer Überdrucktherapie müssen wir die »Sauerstoffuhr« im Auge haben und überlegt auftauchen.

Es gibt zwei Arten von Sauerstofftoxizität. Die Schädigung der Lunge oder des ganzen Körpers bei geringprozentiger, längerer O_2-Atmung (Lorraine Smith-Effekt) erzeugt Symptome wie bei einer Lungenentzündung, erfordert aber längere Sauerstoffeinwirkung als Freizeittaucher normalerweise erfahren. Die Schädigung des zentralen Nervensystems bei hochprozentiger, kurzer O_2-Atmung (Paul Bert-Effekt) wird bei einem Sauerstoffpartialdruck von über 1,4 bar akut. Beim Tauchen mit EAN erreicht man die 1,4 bar schon in normalen Tauchtiefen, diese Tauchart erfordert daher eingehende Schulung (vgl. S. 92).

Symptome bei Sauerstofftoxizität sind Bewusstlosigkeit oder Krämpfe, beides unter Wasser lebensgefährliche Vorkommnisse.

Stickstoffnarkose

Beim Tauchen wird, direkt proportional zur Tiefe, Stickstoff im Blut und Gewebe gelöst, bis die Gewebe gesättigt sind. Die Aufnahme oder Abgabe von Stickstoff ist je nach Gewebe, Körpertemperatur und Zirkulationsgeschwindigkeit des Blutes unterschiedlich. Stickstoff löst sich in Fett schneller als in Wasser, fettreiche Körpergewebe nehmen also mehr Stickstoff auf als fettarme. Mit viel Blut versorgte Gewebe (schnelle Gewebe) nehmen oder geben Stickstoff schnell auf/ab. Schwach mit Blut versorgte Gewebe (langsame Gewebe), Knorpel, Sehnen und gespeichertes Körperfett nehmen/geben Stickstoff langsam auf/ab, können allerdings mehr gelösten Stickstoff halten als schnelle Gewebe. Steigt der Taucher auf, wird der Stickstoff in den Geweben freigesetzt.

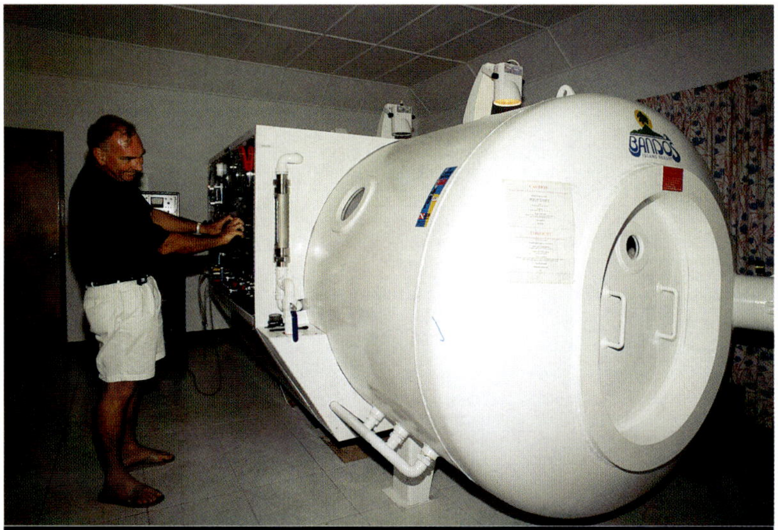

Opfer der Caissonkrankheit werden in der Überdruckkammer behandelt.

Fast jedes Gas kann bei hohem Partialdruck Unempfindlichkeit (Anästhesie) hervorrufen, wenn auch unterschiedlich intensiv. Man nimmt an, dass Stickstoff in die elektrische Übertragung zwischen den Nervenzellen eingreift, was die Aufmerksamkeit und Koordination beeinträchtigt. Das Ergebnis ist zunächst eine Art Hochstimmung (Tiefenrausch), auf die eine Beeinträchtigung des Denkens und Ängstlichkeit folgen. Das bezeichnet man als Stickstoffnarkose.

Jeder Mensch reagiert auf Stickstoffnarkose anders. Einige Taucher gewöhnen sich nach mehreren Malen daran, andere lernen mit ihr umzugehen. Einige bekommen sie schon bei 30 m, alle jedoch bei 50 m Tiefe.

Alkohol, Beruhigungsmittel, Schlaftabletten, Mittel gegen Seekrankheit, allergische Reaktionen und Durchfall sowie Medikamente, die die Übertragung zwischen Nervenzellen blockieren, verschlechtern die Lage oder lassen die Narkose schon in geringerer Tiefe eintreten. Stickstoffnarkose kann andere Symptome verschleiern und die Reaktionsfähigkeit des Tauchers in Notfällen vermindern. Sie setzt unvermittelt ein, hört aber beim Aufstieg ebenso unvermittelt wieder auf und hat keine Folgewirkungen.

Caissonkrankheit

Die Caissonkrankheit wird durch gelösten Stickstoff verursacht, der im Körper freigesetzt, statt von ihm ausgeschieden wird. Wie schnell Stickstoff vom Körper aufgenommen oder abgegeben wird, hängt vom Druckgradienten, der individuellen Zirkulationsgeschwindigkeit, der Körpertemperatur und der Zahl der betroffenen Gewebe ab. Im Gewebe und Blut existieren nach jedem Tauchgang winzige Blasen, die so klein sind, dass sie keine Caissonkrankheit auslösen können. Sie können sich jedoch zu größeren Blasen zusammenschließen und bei ausreichend hohem Druckgradienten zur Caissonkrankheit führen.

Wird der Blutfluss blockiert, bekommen Gewebe hinter der Blockade nicht genug Sauerstoff und können dauerhaft geschädigt werden. Die Symptome sind je nach Lage der Bläschen verschieden.

Epidermale Caissonkrankheit – Die Haut juckt, kribbelt oder brennt; ein fleckiger roter Ausschlag ist möglich. Diese Symptome treten fast sofort nach Verlassen des Wassers auf, sind aber ungefährlich und verschwinden rasch wieder, können allerdings Anzeichen für ernsthaftere Caissonkrankheitsprobleme sein.

Caissonkrankheit in Muskeln, Gelenken und Gliedmaßen – Am häufigsten treten die Krankheitssymptome in den großen Gelenken auf (Knie, Schultern und Ellbogen), eine Folge von Bläschen in oder bei den Sehnen, Bändern und verwandten Muskeln. Schmerzen können erst Stunden nach dem Tauchen auftreten und sollten ernst genommen werden.

Neurologische Caissonkrankheit – Sie tritt bei mangelhafter Durchblutung von Rückenmark und Gehirn auf. Ist das Rückenmark betroffen, kann es zu Taubheit, Kribbeln und Lähmung in den unteren Gliedmaßen, Störungen der Blasenfunktion oder Lähmung vom Hals an abwärts kommen. Ist das Gehirn betroffen, können Sehstörungen, Kopfschmerzen, Verwirrung, Bewusstlosigkeit, ein Anfall und der Tod eintreten.

Behandlung bei Caissonkrankheit – Physische Verletzungen oder ein früheres Auftreten der Krankheit erhöhen die Anfälligkeit, aber das häufigste Symptom ist extreme Müdigkeit. Tauchern bei Verdacht auf Caissonkrankheit reinen Sauerstoff verabreichen und sie in die nächste Überdruckkammer bringen. Dort kann eine schnelle Rekompression erfolgen, damit sich die Blasen verkleinern und wieder lösen können; dann kann der Patient langsam dekomprimiert, mit Sauerstoff, medikamentös (Mittel gegen Blutgerinnung) und mit intravenösen Lösungen behandelt werden. Reiner Sauerstoff kann bei längerer Anwendung Lungenschäden verursachen, die Patienten brauchen deshalb Pausen, in denen sie normale Luft atmen.

Schmerzen in den Knien, Schultern und Ellbogen können Anzeichen einer Caissonkrankheit sein und sollten immer ernst genommen werden.

Reaktion auf Druckveränderungen

Alle gashaltigen Körperhohlräume können ein Barotrauma erleiden.

Der größte Teil des Körpers kann im Tiefenbereich des Freizeittauchens nicht zusammengepresst werden, Gase aber wohl; die Gas enthaltenden Körperbereiche (Ohren, Stirnhöhle, Zähne, Lunge und Magen-Darm-Trakt) und auch der von der Maske bedeckte Gesichtsbereich reagieren auf Volumenänderungen, die eintreten, wenn der Druck auf den Taucher sich ändert.

Wenn Taucher absteigen, werden die lufthaltigen Hohlräume zusammengedrückt. Normalerweise gleichen Taucher den Druck auf die Maske ganz automatisch aus, aber beim schnellen Abtauchen macht sich der Druck stärker bemerkbar. Kräftiges Ausatmen durch die Nase bereinigt das Problem.

Die Ohren

Das Trommelfell ist rechts und links normalerweise dem gleichen Druck ausgesetzt. Beim Abtauchen drückt der Wasserdruck die Trommelfelle nach innen, was erhöhten Druck und Schmerz im Mittelohr hervorruft. Das Mittelohr ist über die Eustachische Röhre mit dem Rachen verbunden, dieser innere und äußere Druck kann also meistens durch Schlucken ausgeglichen werden, oder dadurch, dass man Nase und Mund zuhält und dann durch die Nase auszuatmen versucht.

Ist die Eustachische Röhre verstopft, etwa wegen einer Erkältung, wird das Ausgleichen schwierig oder unmöglich. Taucht ein Taucher ohne auszugleichen weiter ab, werden Flüssigkeiten und Blut ins Mittelohr gepresst, und das Trommelfell reißt, begleitet von Schmerzen und Schwindelgefühl, bis das ins Ohr eingedrungene Wasser sich erwärmt.

Beim Auftauchen dringt im Allgemeinen sich ausdehnende Luft durch die Eustachische Röhre in den Rachenraum, ohne dass der Taucher bewusst dazu beiträgt.

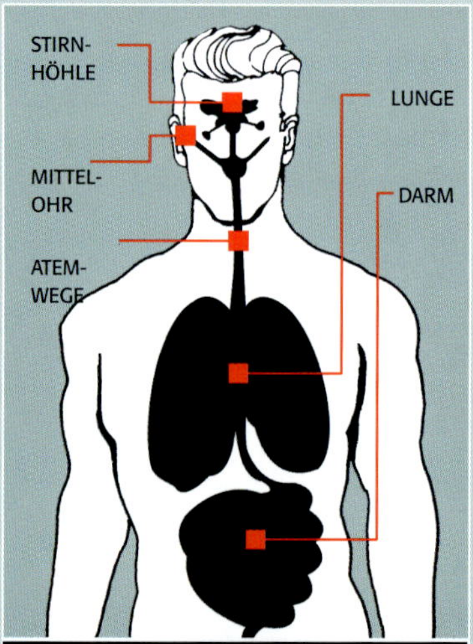

Einige Körperbereiche reagieren automatisch auf Druckveränderungen.

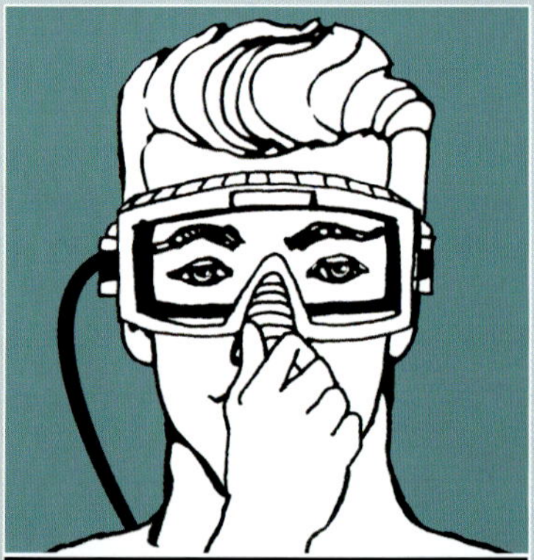

Zum Druckausgleich auf beiden Seiten des Trommelfells die Nase zuhalten, den Mund schließen und kräftig durch die Nase ausschnauben. Das müsste die Eustachische Röhre öffnen.

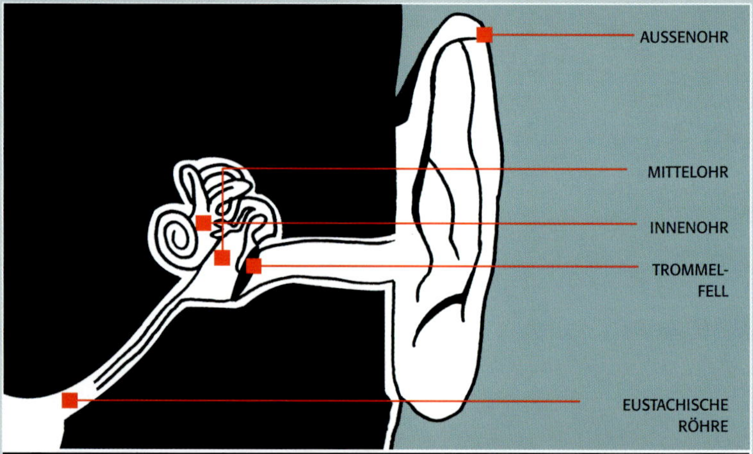

Das Ohr reagiert auf Druckänderungen im Wasser besonders empfindlich.

Häufig kommt es zu einem Aufstiegsbarotrauma der Ohren, wenn ein Abschwellungsmittel eingenommen wurde, um mit einer abklingenden Erkältung tauchen zu können. In dem Fall gibt der Luftvorrat vor, wie lange man versuchen kann auszugleichen, bevor man wieder auftauchen muss. Abschwellungsmittel sind beim Tauchen nicht zu empfehlen.

Die Stirnhöhle

Wenn man mit verstopften Stirnhöhle absteigt, presst der Wasserdruck Blut und Flüssigkeit in die luftgefüllten Hohlräume; beim Aufstieg wird diese Flüssigkeit durch die sich ausdehnende Luft in die Nase und meistens in die Maske gedrückt.

Die Zähne

Hohlräume in schlechten oder schlecht gefüllten Zähnen können Schmerzen verursachen, wenn die Luft in ihnen sich beim Aufstieg ausdehnt. Das ist schmerzhaft aber nichts Ernsthaftes. Gehen Sie zum Zahnarzt.

Die Lunge

Wenn Taucher regelmäßig atmen und langsam aufsteigen, bekommen sie keine Schwierigkeiten mit Druckänderungen in der Lunge. Die goldene Regel beim Tauchen lautet: nie den Atem anhalten. Die Gefahr, dass sich Gase in der Lunge beim Aufstieg zu stark ausdehnen, ist auf den letzten zehn Metern am größten, atmen Sie also beim Aufstieg kräftig aus.

Überdehnung führt zum Reißen der Lunge. Die Risse selbst sind nicht gefährlich, Probleme gibt es jedoch, wenn Luft in die Gewebe oder den Blutkreislauf dringt. Am schlimmsten ist eine Luftembolie, wenn Luft durch die zerrissenen Lungenbläschen in die Lungenvene dringt und über das Herz zur arteriellen Seite gepumpt wird, von wo Blasen in den Körper gepumpt werden und den Blutfluss blockieren können.

Wenn die Lunge reißt, kann Luft in den Teil der Brust entweichen, der Luftröhre und Herz enthält, und beide Organe beeinträchtigen (Mediastinalemphysem), und in die Weichteile an der Halsbasis (subkutanes Emphysem). Gelangt Luft zwischen Lunge und Brustwand, führt der äußere Druck auf die Lunge zum Lungenkollaps. Die Symptome sind Brustschmerzen, Kurzatmigkeit und Blutschaum vor dem Mund.

Während die Caissonkrankheit oft verschleppt wird, treten die Symptome bei Lungenverletzungen sofort beim Auftauchen auf. Ist der Kreislauf zum Herzen blockiert, sind die Symptome wie beim Herzanfall. Sind die Arterien zum zentralen Nervensystem verstopft, kann es zu Koordinationsstörungen, Schwindel, Lähmung, Krämpfen, Bewusstlosigkeit oder zum Tod kommen.

Nicht all diese Befunde sind lebensbedrohlich, aber da sie eine geplatzte Lunge mit möglicher Luftembolie anzeigen können, sollten sie sehr ernst genommen und von einem Arzt untersucht werden. Zunächst sollte man jedoch wie bei der Caissonkrankheit vorgehen, also reinen Sauerstoff verabreichen und den Patienten zur nächsten Dekompressionskammer bringen.

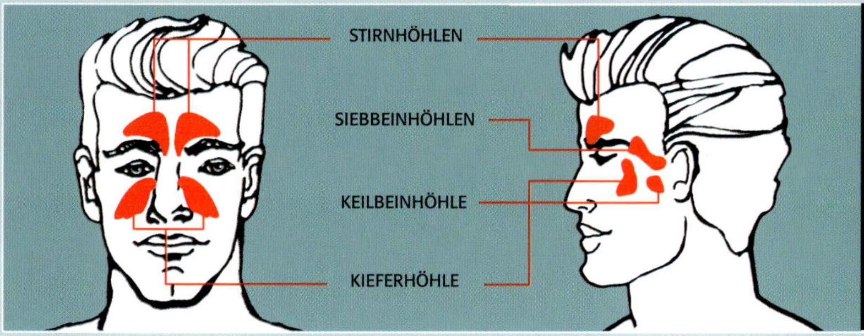

Die Stirnhöhle gesunder Taucher sind mit Luft gefüllte und Schleimhaut ausgekleidete Hohlräume und Gänge im Schädel, die sich beim Ausgleichen der Ohren meistens automatisch ausgleichen. Möglichst nicht mit einer Erkältung, Allergie oder Nasenverstopfung tauchen.

Gastrointestinales Barotrauma

Zu Bauch- oder kolikartigen Beschwerden kommt es, wenn Taucher komprimierte Gase geschluckt, kurz zuvor schwer gegessen oder kohlensäurehaltige Getränke getrunken haben. Abgesehen davon, dass man das vor einem Tauchgang vermeiden sollte, hilft es, aufrecht abzutauchen sowie langsam und mit Pausen aufzutauchen.

Überanstrengung

Sehr anstrengendes Schwimmen erhöht Herzfrequenz und Blutdruck und kann dem Atemregler mehr Luft abfordern, als er abgeben kann. Das erzeugt Erstickungs- und Angstgefühle, die Panik auslösen können. In dem Fall sollte man innehalten, damit Atmung und Herzschlag sich normalisieren können.

Vor allem das Schwimmen gegen die Strömung strengt sehr an. Eventuell ist es leichter, sich am Boden entlang zu ziehen als zu schwimmen (keine Korallen beschädigen!).

Hyperthermie

Hyperthermie oder erhöhte Körpertemperatur kann folgende Ursachen haben: körperliche Betätigung, übermäßige Isolierung, Hitzeeinwirkung und ungenügende Flüssigkeitszufuhr. Normalerweise schwitzt der Körper, um abzukühlen, aber Tauchanzüge behindern diese Funktion, und ein überhitzter Taucher kann inkohärent werden und kollabieren.

Das Opfer sollte kühl gelagert und mit einem feuchten Tuch abgerieben werden. Ist der Betreffende bei Bewusstsein, sollte man ihm ein süßes Getränk mit einem halben Teelöffel Salz pro Liter einflößen. Ist er bewusstlos, ihn in stabile Seitenlage bringen, Atemwege, Atmung und Kreislauf überprüfen und ärztliche Hilfe holen.

Hypothermie

Die optimale Körpertemperatur beträgt 36,9°C ± 0,5°C. Sinkt sie darunter, liegt Hypothermie oder unternormale Körpertemperatur vor.

Wasser ist im Allgemeinen kälter als die optimale Körpertemperatur, Taucher benötigen deshalb bei längerem Aufenthalt dort eine Isolierung. Frösteln ist ein frühes Anzeichen für Unterkühlung; dann werden Arme und Beine taub, da die Blutzufuhr nachlässt. Wird nichts unternommen, kann es zu Inkoordination und Bewusstlosigkeit kommen.

Tauchanzüge können die Gefahr einer Hyperthermie erhöhen. Betroffene Taucher sollte man mit kaltem Wasser abreiben.

Taucher mit Hypothermie müssen in Decken gehüllt werden und etwas Heißes trinken. Wenn keine Decken zur Hand sind, reichen auch Handtücher.

Die Behandlung besteht im Aufwärmen von außen nach innen. Wenn möglich, den Taucher in ein heißes Bad und die Beine hochlegen. Unter Umständen ist eine Herz-Lungen-Wiederbelebung erforderlich (vgl. S. 78/79).

Ist der Patient bei Bewusstsein, warme Flüssigkeit und Traubenzucker einflößen, niemals Alkohol, da er die Blutzufuhr zu den Gliedmaßen erhöht und den Zustand verschlimmert. Ist kein heißes Bad möglich, sollten andere Taucher den Betroffenen an einem möglichst warmen Ort mit ihrem Körper wärmen.

Schwierig wird es, wenn ein Hypothermieopfer in ein Boot gehoben oder zu einem Rettungshubschrauber hochgezogen wird. Wenn das Opfer aus dem Wasser geholt wird und der Wasserdruck entfällt, strömt Blut in die Gliedmaßen zurück und wird infolge der Schwerkraft in die Beine gedrückt. Das zentrale Blutvolumen nimmt ab, was Schock und Tod zur Folge haben kann. Die Opfer sollten deshalb horizontal und mit hochgelegten Beinen angehoben werden.

Beinaheertrinken

In dieser Situation ist Wasser in die Lunge gelangt, ohne dass der Tod eingetreten ist. Von »nassem Ertrinken« spricht man, wenn Wasser in die Lunge dringt. »Trockenes Ertrinken« liegt vor, wenn eingeatmetes Wasser einen Stimmritzenkrampf verursacht und der Taucher nicht mehr kontrolliert atmen kann.

Die Opfer erleiden eine Blausucht, atmen nicht, eventuell tritt blutiger Schaum aus Mund und Nase. Die Beine des Patienten hochlegen und Herz-Lungen-Wiederbelebung durchführen, bis er sich erholt.

Beinahe Ertrunkene sind noch nach 40 Minuten unter Wasser wiederbelebt worden, Wiederbelebungsversuche sollten deshalb mindestens eine Stunde unternommen werden. Sobald das Opfer wieder atmet, reinen Sauerstoff verabreichen, wenn möglich.

Eine Schädigung der Lunge kann sekundäres Ertrinken bewirken, Stunden oder gar Tage nach der Wiederbelebung. Es kann nur im Krankenhaus behandelt werden, Betroffene sollten daher zur Beobachtung in ein Krankenhaus gebracht werden.

Bei Tauchunfällen ist die Ursache womöglich nicht zu erkennen. Glücklicherweise müssen Beinaheertrinken, Lungenblähung und Caissonkrankheit zunächst gleich behandelt werden: gegebenenfalls Atemspende oder Herz-Lungen-Wiederbelebung, Verabreichung reinen Sauerstoffs und schnellstmöglicher Transport in ein Krankenhaus mit Druckkammer.

Krämpfe

Krämpfe sind schmerzhafte Muskelkontraktionen infolge Sport, Kälte oder anomaler Salzwerte im Körper. Strecken und Massieren der Muskulatur bringen normalerweise Erleichterung. Beim Tauchen verkrampfen meistens die Wadenmuskeln; in dem Fall das Bein strecken und die Flosse zum Körper ziehen. Bei anhaltenden Krämpfen sollte man den Tauchgang abbrechen.

Bei einem Wadenkrampf sollte man die Flossenspitze fassen und den Fuß zum Körper ziehen.

Die Grundausrüstung

Die Tauchausrüstung ist im Lauf der Jahre immer besser, bequemer und modischer geworden. Bei dem breiten Angebot an Ausrüstung gibt es keinen Grund, warum Taucher nicht den Umständen entsprechend ausgestattet ihren Sport betreiben sollten. Die Ausrüstung hält länger und versagt seltener, wenn man sie nicht in der Sonne liegen lässt und nach dem Tauchen gut mit frischem Wasser abspült.

Gesichtsmasken

Das menschliche Auge kann im Wasser nicht fokussieren, weil Wasser dichter als Luft ist und Licht daher anders weiterleitet. Um unter Wasser klar zu sehen, braucht man eine Maske, damit sich vor den Augen Luft befindet.

Da der Wasserdruck auf diese Luft einwirkt und sie beim Abtauchen eventuell ausgeglichen werden muss, sollte die Nase des Tauchers sich innerhalb der Maske befinden, damit er/sie durch die Nase in die Maske ausatmen kann. Die Nase sollte außerdem unter einer flexiblen Kappe liegen, damit man die Nasenflügel zum Druckausgleich zusammendrücken kann.

Eine gute moderne Tauchmaske bietet:

- Eine Silikongummifassung, die bequem ist, nicht allergisiert und in einem weiten Temperaturbereich flexibel bleibt. Masken können durchsichtig oder bunt sein, sollen aber viel Licht zum Gesicht durchlassen. Gute Masken haben eine Doppelfassung (Doppelrand), um besser abzudichten.
- Ein kräftiges Halteband mit rutschfester Schnalle. (Man sollte immer ein Ersatzband bei sich haben.)
- Geringes Volumen, um leichter ausgleichen zu können.
- Sicherheitsglas, das nicht splittert und nicht so schnell verkratzt.

Da jedes Gesicht und Maskenmodell anders ausfällt, sollte man vor dem Kauf mehrere Masken anprobieren und prüfen, ob sie passen und bequem sind. Zum Testen einer Maske blicken Sie geradeaus, halten sich die Maske vor das Gesicht, ohne das Halteband zu benutzen, und atmen dann durch die Nase ein. Lassen Sie nun die Maske los. Sie sollte so lange am Gesicht haften, wie Sie den Atem anhalten. Prüfen Sie auch, ob Sie die Nase zum Druckausgleich mit zwei Fingern zudrücken können.

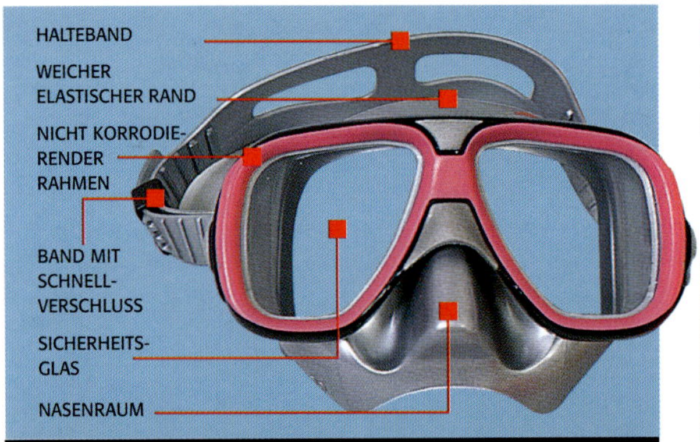

Oben: Eine gute Tauchmaske sollte die beschriebenen Merkmale aufweisen. Rechts: Taucher sollten ihre Ausrüstung dem Umfeld anpassen, in dem sie tauchen. Zu Trockentauchanzügen (gegenüber) gehört aus Sicherheitsgründen immer ein Jacket.

Ist die Maske nicht dicht?

Wer einen Schnurrbart oder einen Knochenschaden an der Oberlippe hat, dessen Maske wird nie völlig dicht sitzen. Einige Taucher behelfen sich mit Vaselin (Petrolat), das man jedoch nie bei einer Neoprenmaske verwenden sollte, da Vaselin das Neopren angreift. Bei Masken mit geringem Volumen genügt es, regelmäßig durch die Nase auszuatmen, um die Maske frei von Wasser zu halten.

Flossen

Flossen ermöglichen ein zügigeres Schwimmen. Der zusätzliche Schub hilft den Widerstand des Wassers vor allem bei Strömung zu überwinden. Beim Schwimmen mit Flossen sind die Hände kaum nötig und dienen nur leichten Korrekturen des Körpers oder der Richtung. Es gibt zwei Flossenarten:

- Geschlossene Flossen mit Fußteil (für Schnorchler oder Taucher, die keine Füßlinge tragen) müssen genau und bequem sitzen. Wenn die Ferse reißt, muss die ganze Flosse ersetzt werden; man muss also Ersatzflossen mitnehmen.
- Offene Fersenbandflossen sind für Taucher, die Füßlinge tragen. Die Schwachstelle ist hier das verstellbare Fersenband, von dem man immer mehrere in Reserve haben sollte.

Die Flossenblätter sind in Form und Größe unterschiedlich. Größere Blätter erfordern mehr Kraft. Bei der Flossenwahl ist der Sitz wichtiger als das Aussehen. Flossen sollten den Fuß nicht einengen, aber beim Schwimmen auch kein Spiel haben.

Schnorchel

Mit einem Schnorchel können Taucher und Schnorchler an der Oberfläche atmen, ohne den Kopf aus dem Wasser heben zu müssen. Dem Taucher erlaubt er, die Luft in der Tauchflasche zu sparen, wenn er zum Tauchgebiet oder zurück zum Boot schwimmt und am Ende eines Tauchgangs die Luft knapp geworden ist. Einige Merkmale erleichtern den Gebrauch, und man sollte das Modell wählen, das einem am besten zusagt:

- Modelle mit einem Rohrdurchmesser von etwa 25 mm erleichtern das Atmen, kleinere Taucher ziehen jedoch vielleicht einen Schnorchel mit geringerem Durchmesser vor, der leichter auszublasen ist und ein kleineres Mundstück hat.
- Das Mundstück muss gut im Mund sitzen; einige sind schwenkbar.
- Einige Schnorchel haben ein selbst entwässerndes Rohr oder Mundstück (ein Einwegventil, das ermöglicht, dass die Schwerkraft den Rohrteil entwässert, der sich nicht im Wasser befindet). Oben am Rohr kann ein weiteres Ventil sitzen, das das Eindringen von Wasser bei kabbeliger See verhindert. Trotzdem kommt immer etwas Wasser in den Schnorchel, man sollte deshalb ruhig atmen und das Wasser regelmäßig ausblasen, damit man es nicht einatmet.

Beim Schnorcheln ist der Schnorchel am Maskenband befestigt. Ansonsten kann man ihn am Bein zusammen mit dem Messer festschnallen.

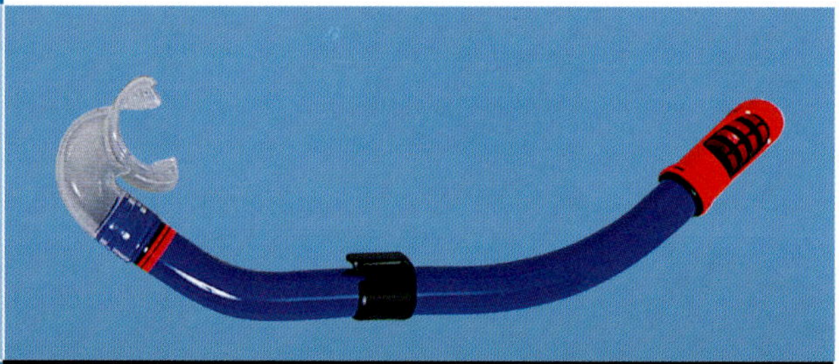

Links v.o.n.u.: Wählen Sie die Flossen nach Ihren Bedürfnissen: Kraftflossen/force fins sind besonders leistungsfähig und erleichtern das Schwimmen; das verstellbare Fersenband der offenen Flossen ermöglicht das Tragen über den Füßlingen; geschlossene Flossen sind bei Schnorchlern beliebt.
Oben: Ein Schnorchel ist gut an der Oberfläche, wenn man zum Tauchgebiet oder zurück zum Einstiegspunkt schwimmt.

Bleigürtel und Gewichte

Die meisten Menschen haben in Süßwasser positiven Auftrieb, der sich im dichteren Salzwasser noch verstärkt. Tauchanzug, Tarierjacket und fast leere Flaschen erhöhen den Auftrieb zusätzlich. Um also unten zu bleiben, tragen Taucher einen Bleigürtel mit Gewichten.

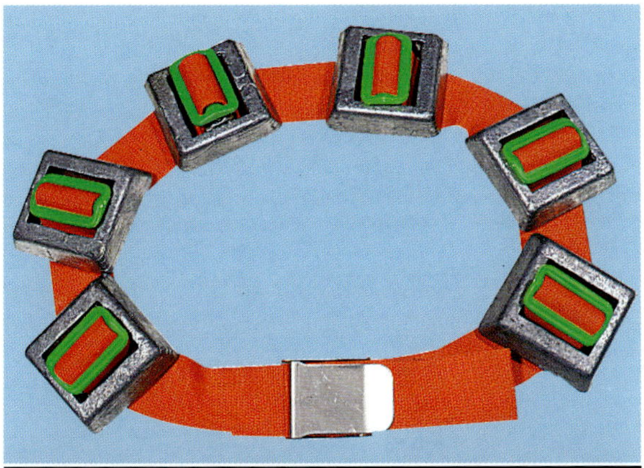

Der Bleigürtel mit Gewichten dient zum Tarieren.

Wenn man mehrere Gewichte braucht, kann der Gürtel unbequem oder lästig werden. Es gibt verschiedene Systeme, vom normalen Gürtel mit Gewichten über Gürtel mit Taschen für Gewichte oder Bleischrot

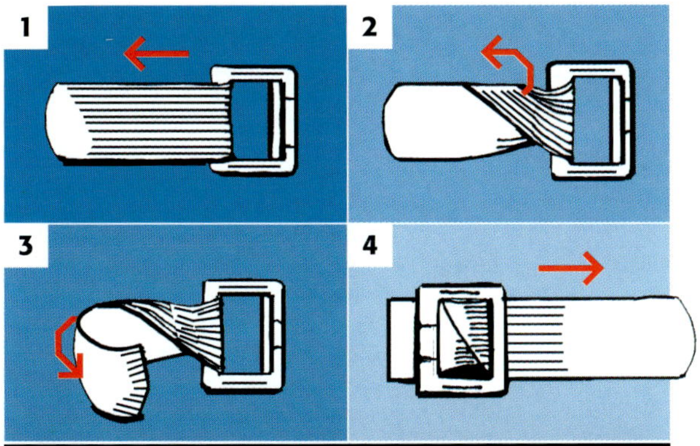

1 Das freie Ende des Bleigürtels nehmen und auf einer Seite durch das Gewicht schlingen.
2 Den Gurt einmal um sich selbst drehen.
3 Gurt durch die andere Seite des Gewichts zurückstecken.
4 Den Gurt dann stramm ziehen, damit das Gewicht fest an einer Stelle sitzt.

und Gürtel mit zusätzlichem Schultergurt bis zu Gürteln, die in das Tarierjacket integriert sind.

Egal für welches System man sich entscheidet, wichtig ist, dass man den Gürtel im Notfall schnell abwerfen kann, ohne dass er sich an der Kleidung oder Ausrüstung verfängt.

Bleigürtel bestehen normalerweise aus 5 cm breiten Nylongurten. Der Schnellverschluss sollte gut sitzen, leicht zu bedienen sein und sich nicht verfangen oder unabsichtlich öffnen.

Die Gewichte sind meistens einfache, ein oder zwei Kilo schwere Klötze oder abgerundete Zylinder aus Blei. Damit die Gewichte fest im Gürtel sitzen und nicht herausfallen, sind sie mit einer Halterung befestigt, die eventuell einen Ring für einen Karabiner aufweist, sodass man etwas an den Gürtel hängen kann.

Ist der Gürtel lang genug, kann man die Bleiklötze dadurch befestigen, dass man ihn an einer Seite durch das Gewicht schlingt und dann um sich selbst dreht, bevor man ihn durch die andere Seite führt.

Gürtel mit Taschen für standardisierte Bleigewichte oder -kügelchen sind bequemer und verhindern, dass sich die Gewichte verschieben.

Wenn Ihr Partner einen integrierten Gürtel oder ein System mit Gurt benutzt, sollten Sie sich vor dem Tauchen mit dem Verschlussmechanismus vertraut machen.

Wenn Sie einen organisierten Tauchurlaub buchen, brauchen Sie im Allgemeinen weder Gewichte noch Bleigürtel einzupacken, da beides gestellt wird. Aber Halter für Ersatzgewichte sollten Sie mitnehmen.

Wie viel Gewicht?

Ein richtig austarierter Taucher ohne Luft im Jacket, die Flasche zu weniger als einem Viertel gefüllt, und mit allem ausgestattet, was er normalerweise bei sich hat, sollte aufrecht und die Augen in Höhe der Oberfläche im Wasser schweben. Weniger Gewicht ist nötig, wenn Stahlflaschen verwendet werden oder in Süßwasser getaucht wird, mehr dagegen bei Aluminiumflaschen (vgl. S. 42).

Tarierwesten

Eine Tarierweste oder Jacket ermöglicht Tauchern, ihren Auftrieb beim Auf- und Abtauchen zu regulieren, da sie sonst ständig mit den Flossen arbeiten müssten, um nicht zu sinken, oder ungewollt nach oben treiben würden. Jackets verfügen über eine Luftkammer, und der Taucher kann durch Ablassen von Luft oder Aufblasen für neutralen Auftrieb sorgen, was das Schwimmen erleichtert und den Luftverbrauch verringert.

Jackets sind ein mehrteiliges System, das um die Flasche, Atemregler, Ersatzflasche, Zubehör und eventuell auch Gewichte erweitert wird. Das gesamte System kann als Einheit an- und abgelegt werden.

Wingjackets sind bei technischen Tauchern und UW-Fotografen beliebt, da die Luftkammer sich nicht vorn am Körper befindet, sodass man dort Zubehör unterbringen und besser in Bauchlage schwimmen kann. Um mit einem Wingjacket gut in Rückenlage an der Oberfläche treiben zu können, kann man ein am Rücken angebrachtes integriertes Gewichtssystem verwenden oder einige der erforderlichen Gewichte an der Tauchflasche anbringen.

Das Luftkammersystem des Jackets kann aus einer Kammer bestehen, wobei die Kammer Luftbehälter und Schutz in einem ist, oder aus zwei Kammern, wobei nur die innere mit Luft gefüllt ist. Sie ist aus Polyethylen gefertigt und bei Beschädigung leicht zu ersetzen. Die äußere Kammer besteht aus strapazierfähigem Material und ist reparaturfreundlich. Jackets mit zwei Kammern sind schwerer, aber haltbarer und leicht zu warten.

Die meisten Jackets haben zum schnellen Füllen einen an den Atemregler angeschlossenen Direktanschluss oder Inflator und die Möglichkeit zum Aufblasen per Mund. Einige verfügen nur über eine Kohlendioxidpatrone zum einmaligen Notfüllen an der Oberfläche. Andere besitzen eine Notflasche mit Bügelanschluss, die vor jedem Tauchgang aus der Tauchflasche gefüllt wird.

Zum schnellen Ablassen der Luft betätigt man über eine eigene Leine oder eine Leine im geriffelten Inflatorschlauch ein Ablassventil. Man kann den Schlauch auch über Kopfhöhe halten und den Entleerknopf am Ende drücken.

Oben: Ein integrierter Bügelanschluss zum Füllen einer Notflasche für das Jacket aus der Hauptflasche. Links: Mit einem richtig austarierten Jacket kann ein Taucher schwerelos schweben.

Alle Jackets haben Überdruckventile für den Fall, dass die Kammer zu stark aufgeblasen oder aufgeblasen in der Sonne liegen gelassen wird. Sie sitzen meistens ganz unten am Jacket, damit die Kammer auch bei einem undichten Ventil funktionstüchtig bleibt. Ablassventile sollten regelmäßig ausgebaut und mit Süßwasser von Salz oder Sand gereinigt werden.

Bevor Sie ein Jacket wegpacken, sollten Sie die Luftkammer mit Süßwasser ausspülen und das Jacket außen gut abwaschen. Füllen Sie es zu einem Drittel durch den Inflatorschlauch und schütteln Sie das Jacket kräftig, um möglichst viel Salzwasser zu entfernen. Lassen Sie es, den Schlauch nach unten, ablaufen und trocknen, bevor Sie es wegpacken.

Oben: Die meisten Jackets haben Klettverschlüsse, um Schläuche oder Instrumente dicht am Körper zu halten, wo man sie gut ablesen kann und sie sich nicht verfangen können. Viele Jackets haben auch Taschen, um kleinere Gegenstände wie Schreibtafeln und –stifte unterzubringen. Links: Ist das Jacket zu klein (ganz links), trägt es Sie nicht richtig; ist es zu groß (links), kippt die Tauchflasche hin und her und hat an der Oberfläche schlechten Halt.

Tauchanzüge

Wie wohl Sie sich im Wasser fühlen, hängt von Ihrer körperlichen Verfassung, dem Stoffwechsel, Ihrer Aktivität beim Tauchen, der Wassertemperatur und der Zahl der Tauchgänge am Tag ab. Der Tauchanzug soll an der Oberfläche vor Sonnenbrand und im Wasser vor Abschürfungen, Schnitten, Nesselungen und Wärmeverlust schützen. Wasser führt Körperwärme sehr viel schneller als Luft ab.

Leichte Kombis

Für sehr warmes Wasser genügen häufig leichte, einteilige Ganzkörperanzüge. Sie bestehen aus mit Lycra verstärktem Nylon, sind sehr elastisch und oft sehr bunt. Leider verschleißen sie in Gegenden mit starker Sonneneinstrahlung schnell.

Die meisten Lycra-Anzüge haben am Fuß Halteriemen, damit die Hosenbeine nicht hoch rutschen, und Schlaufen an den Daumen für die Ärmel. Das ist vor allem praktisch, wenn man den Lycra-Anzug zur Isolation unter einem Nasstauchanzug trägt.

Weil Lycra-Anzüge so elastisch sind, werden sie in nur einer Größe hergestellt.

Die bunten, leichten Lycra-Anzüge bieten dem Taucher im warmen Wasser totale Bewegungsfreiheit.

Nasstauchanzüge

Der Nasstauchanzug ist der häufigste Schutzanzug. Er besteht zumeist aus Neopren, das kein Wasser aufnimmt, gut isoliert und elastisch ist.

Nasstauchanzüge sind unterschiedlich stark – von 2 mm für warmes Wasser bis zu 9 mm für sehr kaltes Wasser. Es gibt sie in verschiedenen Ausführungen: als Shorty bedecken sie nur den Rumpf und die Oberschenkel – also den wichtigsten Bereich, um die Wärme zu halten; einteilige Ganzkörperanzüge schützen dagegen vom Hals bis zu den Knöcheln vor Kälte und Abschürfungen.

Zweiteilige Nasstauchanzüge sind leichter an- und auszuziehen. Am verbreitetsten ist der »Long John«, der von den Knöcheln bis unter die Schultern reicht und mit einer Jacke mit Reißverschluss getragen wird, was das An- und Ausziehen erleichtert. So wird der Rumpf von zwei Neoprenschichten vor Kälte geschützt.

Nasstauchanzüge sollten möglichst eng anliegen. Zwischen Anzug und Körper dringt Wasser, das jedoch durch den Körper erwärmt wird und isoliert, solange es nicht ständig zirkuliert. Wenn der Anzug zu locker sitzt, zirkuliert das Wasser, was die Wirksamkeit des Anzugs mindert.

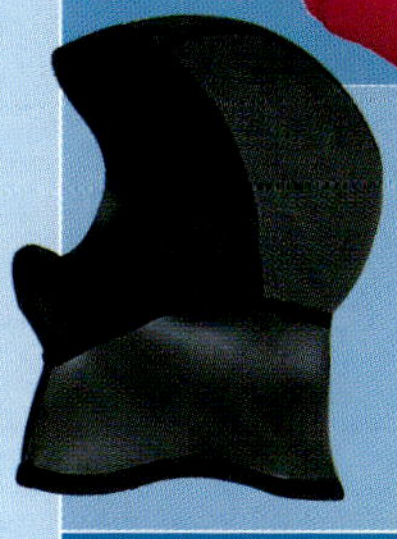

Nasstauchanzüge schützen gegen Sonne und kaltes Wasser. Kopfhauben benutzt man in sehr kaltem Wasser. Nylon-Handschuhe schützen vor Abschürfungen. Füßlinge mit fester Sohle erleichtern das Gehen.

Halbtrockentauchanzüge haben an den Fuß- und Handgelenken dicht abschließende Neoprenmanschetten. Am Hals dringt zwar immer noch etwas Wasser ein, kann jedoch nicht an den Manschetten entweichen. Die Anzüge können ein- oder zweiteilig sein, die Jacke kann eine Kopfhaube haben.

Zubehör für Nass- und Halbtrockentauchanzüge

Zubehör für Nass- oder Halbtrockentauchanzüge sind Kopfhauben, Füßlinge mit fester Sohle, Handschuhe (Nylon zum Schutz vor Abschürfungen in warmen Gewässern, Neopren als Kälteschutz in kalten Gewässern) und Rückenkissen/spine pads (eine zusätzliche Neoprenschicht, wo die natürliche Krümmung des Rückgrats das Zirkulieren des Wassers ermöglicht). Kniepolster schützen vor Abschürfungen und beugen Schäden durch Ausbeulen vor.

Tauchanzüge

Trockentauchanzüge

Trockentauchanzüge umschließen den Körper komplett. Unterschiede zwischen einzelnen Marken bestehen nur im Material, der Art der Kopfhauben und Füßlinge sowie der Anordnung der Reißverschlüsse.

Trockentauchanzüge aus Neopren können eng wie ein Nasstauchanzug oder weiter und damit über warmen Unterziehern getragen werden. Sie isolieren gut, verlieren jedoch Auftriebs- und Isoliereigenschaften beim Abstieg, wenn das Neopren zusammengedrückt wird.

Membrananzüge halten das Wasser dank einer wasserdichten Membran ab. Sie haben selbst keinerlei Isoliereigenschaften, sodass der Taucher warme Unterzieher tragen muss.

Die meisten Trockentauchanzüge haben integrierte Füßlinge, einige auch integrierte Kopfhauben, andere sind mit Nasstauchanzughauben zu tragen.

Die Reißverschlüsse müssen sauber sein und nach Herstelleranleitung gefettet werden. Sie sitzen im Allgemeinen auf den Schultern, wo sie am wenigsten gedehnt werden. Es gibt auch Reißverschlüsse, die hinten um den Hals und diagonal vorn über den Körper laufen, sodass man den Anzug ohne fremde Hilfe anziehen kann.

Trockentauchanzugventile

Die Luft im Trockentauchanzug wird beim Abstieg zusammengepresst, was Auftriebsverlust und Unbequemlichkeit verursacht,

Links: Dieser Trockentauchanzug besteht aus Gummi zwischen zwei Lagen strapazierfähigem Kunststoff. Wie der Neopren-Anzug isoliert auch er nicht gegen Wärme, sondern muss mit warmen Unterziehern getragen werden.

Unten: Die verschiedenen Tauchanzüge erreichen die Wärmeisolierung auf unterschiedliche Art.

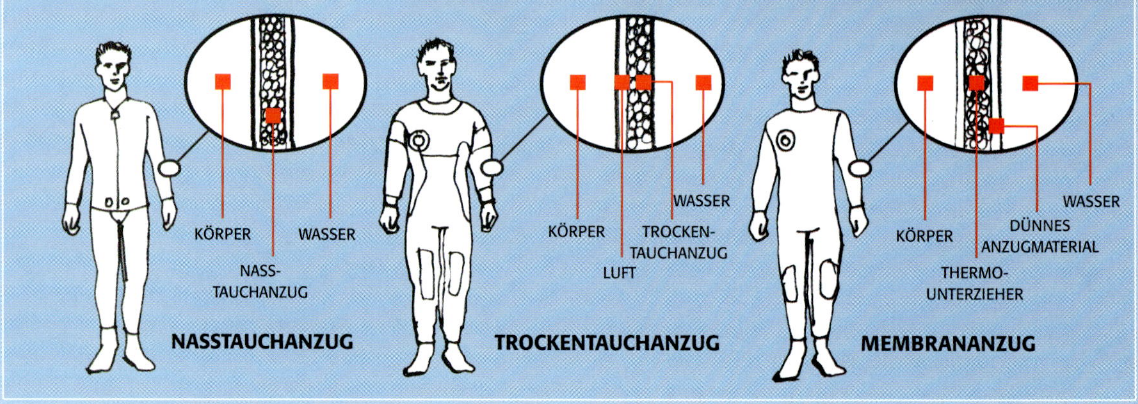

weil die im Anzug entstehenden Falten kneifen. Das kann man mit einem Niederdruck-Inflator ähnlich dem am Jacket ausgleichen, indem man durch ein Ventil Luft in den Anzug pumpt. Dieses Ventil sitzt normalerweise auf der Brust, wo es keinem der Jacketanschlüsse im Wege ist.

Beim Aufstieg dehnt sich diese Luft aus und muss, wie beim Jacket, abgelassen werden, da der Taucher sonst zu schnell auftaucht. Viele Anzüge haben automatische Ablassventile am Armbund, und man kann den Arm im Bedarfsfall über den Kopf heben, damit er der höchste Punkt ist. Das Ablassventil kann auch direkt unter der Schulter sitzen.

Auch wenn der Auftrieb eines Trockentauchanzugs geändert werden kann, braucht man zum Regulieren des Auftriebs dennoch ein Jacket, falls der Anzug ein Loch bekommt und undicht wird, aber auch für zusätzlichen Auftrieb an der Oberfläche, wo ein aufgeblasenes Jacket bequemer als der Druck auf die Abdichtung am Hals ist, der beim Aufblasen des Anzugs entsteht.

Eventuell braucht man größere Flossen, die über die Anzugfüßlinge passen, und vor allem Taucherinnen finden kleine Gewichte an den Fesseln bequemer, um die Beine unten im Wasser zu halten.

Die Unterzieher für Trockentauchanzüge können der Umgebungstemperatur angepasst werden, vom leicht zu waschenden Trainingsanzug über dickere Fleecewäsche bis zu Wäsche aus Thinsulate, das zwar schwerer zu waschen ist, aber auch warm bleibt, wenn es nass wird.

Trotz der Bezeichnung sind Trockentauchanzüge selten wirklich ganz trocken, da undichte Stellen und Schweiß zwangsläufig zu feuchten Unterziehern führen.

Warnhinweis

Anders als beim Nasstauchanzug kann beim Trockentauchanzug einiges schief gehen, vom unkontrollierten Aufstieg bis zum Auftauchen mit den Füßen voran, wenn sich Luft in den Anzugbeinen sammelt.

Oben links: Trockentauchanzüge werden bei extrem kalten Bedingungen getragen wie dem Eistauchen.
Oben rechts: Elastische Trockentauchanzüge aus Neopren passen sich dem Körper an. Neulinge sollten unbedingt einen Trockentauchkurs machen.

Tauchflaschen

Tauchflaschen sind aus Stahl oder Aluminium. Stahlflaschen nutzen sich nicht so schnell ab und haben gute Auftriebseigenschaften, können aber ohne richtige Pflege außen und innen rosten. Aluflaschen sind abnutzungsanfälliger und brauchen für den gleichen Druck eine dickere Wandung als Stahlflaschen. Sie sind schwerer, haben jedoch einen positiveren Auftrieb als entsprechende Stahlflaschen. Aluminium korrodiert zwar, so wie Stahl rostet, doch die sich bildende dünne Aluminiumoxidschicht verhindert eine weitere Korrosion.

Oben: Tauchflaschen haben 6 bis 18 l Inhalt und passen sich dank unterschiedlicher Länge der Größe der Taucher an. In warmem Wasser taucht man normalerweise nur mit einer Flasche, wenngleich kleinere Taucher oft zwei (kleinere) Flaschen einer großen vorziehen. In kalten Gewässern werden meistens zwei größere Flaschen verwendet.

Rechts: Stahlflaschen (links) haben ein Kegelgewinde, das mit PTFE-Band abgedichtet ist. Aluflaschen (rechts) haben ein zylindrisches Gewinde und sind mit einem O-Ring abgedichtet.

Flaschenventile

Tauchflaschen sind mit Druckventilen ausgestattet, aber vielleicht möchte ein Taucher von einem Einzel- auf ein Doppelsystem mit Verteiler umsteigen – eine häufige Anordnung, nur einen Atemregler an ein Doppelsystem anzuschließen. Zum Teil sind Universalventile mit normiertem Schraubanschluss (DIN) oder abnehmbarem Bügelanschluss (INT) in Gebrauch. Bei nur einem Ventil dient dies zum Füllen der Flasche und als Anschluss für den Atemregler.

Die Ventile der Stahlflaschen haben ein konisches Gewinde und sind mit PTFE-Dichtband versehen. Bei Aluflaschen haben die Ventile ein zylindrisches Gewinde und sind mit einem O-Ring abgedichtet. Aus dem Ventil ragt ein dünnes, etwa 25 mm langes Rohr in die Flasche, damit keine Feuchtigkeit oder Ablagerungen den Luftstrom behindern, wenn die Flasche auf dem Kopf steht. Das Ventil kann eine Berstscheibe haben, die bei extremer Hitze oder Flaschenüberdruck birst. Die Abdichtung zwischen Flaschenventil und O-Ring des Atemreglers wirkt eher über den Luftdruck, weniger über den Druck durch das Anziehen des Bügel- oder DIN-Anschlusses. O-Ringe dichten nicht und altern, wenn sie salzig oder verschmutzt sind. (Man sollte immer Ersatz-O-Ringe bei sich haben.) Das Ventil nie mit Gewalt zudrehen und es beim Öffnen, wenn Luft zum Atemregler strömen soll, gegen den Uhrzeigersinn ganz aufdrehen und dann um eine halbe Drehung wieder schließen. Das verhindert, dass es in der Offen-Position klemmt.

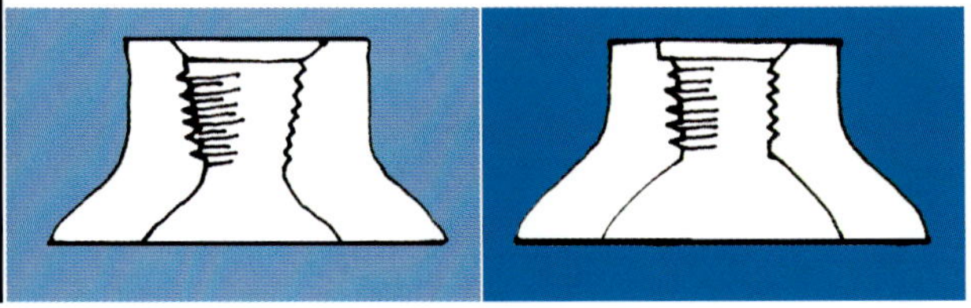

Ganz oben: Länder mit metrischem System geben den Flascheninhalt in Litern und den Betriebsdruck in bar an. Länder mit englischem Maßsystem geben den Flascheninhalt in Luft und Kubikfuß bei vollem Betriebsdruck an. Diese Zahlen sind im Flaschenhals eingeprägt, wo die Wandung am stärksten ist, außerdem alle übrigen Zahlen und Angaben, die im jeweiligen Land gesetzlich vorgeschrieben sind.
Oben: Jährlich müssen die Flaschen ein Mal innen überprüft werden.

Tauchflaschenpflege

Aus Sicherheitsgründen sollte man mit Tauchflaschen wie folgt umgehen:

- Behutsam behandeln.
- Regelmäßig optisch und hydrostatisch untersuchen.
- Nie über den angegebenen Betriebsdruck hinaus füllen.
- Nach dem Tauchen in Meerwasser außen mit Süßwasser abspülen.
- Langsam in einem Wasserbad füllen, um etwas von der dabei entstehenden Wärme abzuleiten.
- Vor Hitze schützen, auch vor Sonne.
- Für den Transport gut sichern.
- Nie ausblasen oder anderweitig leeren, außer bei optischer Überprüfung.

Ist eine Flasche unter Wasser ausgeblasen worden, muss sie mit Süßwasser ausgespült werden und vor dem erneuten Füllen gut trocknen für den Fall, dass der Umgebungsdruck Wasser hineingedrückt hat.
Ist eine Flasche mit Feuer in Berührung gekommen, sollte man sie wegwerfen.

Wasser kann wie folgt in eine Flasche gelangen:

- Schlechte Kompressorwartung und überfälliger Filterwechsel.
- Ausblasen der Flasche unter Wasser.
- Das Ventil bei Kondensation oder hoher Luftfeuchtigkeit offen lassen.

Flaschen aufrecht und mit 10–20 bar Luftdruck gefüllt lagern. Das beugt der Konzentration von Sauerstoff und damit einer sauerstoffbedingten Korrosion vor.

Aluminiumflaschen sind unten flach, Stahlflaschen rund – Letztere können also nur mit einem entsprechenden Untersatz stehend gelagert werden. Ist eine Flasche mit einem Untersatz ausgestattet, muss das Wasser gut ablaufen können; der Untersatz kann seitlich abgeflacht sein, damit die Flasche bei liegendem Transport nicht umherrollt.

Atemregler

Der Atemregler ist das wichtigste Ausrüstungsteil. Der Kauf will also gut überlegt sein.

Einfache Atemregler liefern bei Bedarf nicht sehr viel Luft, haben wenige Niederdruckabgänge und einen festen Bügelanschluss. Ihr Vorteil: sie sind relativ einfach, fallen selten aus, sind sehr robust und deshalb bei Tauchschulen und Gelegenheitstauchern beliebt. Teurere Atemregler haben Niederdruckabgänge zum Aufblasen von Tarierjackets und Trockentauchzügen und eine zweite Stufe. Sie liefern mühelos die von den ND-Abgängen angeforderte zusätzliche Luft und bei Bedarf auch große Luftmengen.

Das Standardgerät ist ein zweistufiger Einschlauch-Atemregler. »Einschlauch« bezieht sich auf die eigentliche Atemeinheit, die keine weiteren Schläuche zur Versorgung anderer Vorrichtungen hat. »Zweistufig« bedeutet, dass der Flaschendruck in zwei Stufen auf den Umgebungsdruck reduziert wird.

Die erste Stufe muss den Flaschendruck von etwa 200 bar im Schlauch auf einen Druck reduzieren, den die zweite Stufe verarbeiten kann, der aber noch so hoch ist, dass er den Umgebungsdruck auf die Lunge in der Tiefe überwinden kann. Bei den meisten Reglern sind das 10–13 bar. Es gibt die kolben- und die membrangesteuerte erste Stufe.

Die kolbengesteuerte erste Stufe ist im Allgemeinen billiger herzustellen und zu warten, und kann mit einer Drehvorrichtung für den Teil mit den Niederdruckabgängen ausgerüstet werden. Sie ist jedoch vor Ort schwer zu regeln, und in das Hauptgehäuse kann Wasser eindringen und Korrosion verursachen.

Die kolbengesteuerte erste Stufe kann kompensiert oder nicht kompensiert sein. Erstere liefern im Allgemeinen mehr Luft, was das Atmen erleichtert, versorgen auch andere Vorrichtungen mit Luft und ermöglichen zwei Tauchern die gleichzeitige Benutzung desselben Luftvorrats. Bei der kompensierten ersten Stufe wird das Atmen schwerer, wenn der Flaschendruck sinkt.

Bei membrangesteuerten ersten Stufen kann kein Wasser in das Gehäuse dringen, was die Verunreinigung und Korrosion vermindert und eine gleichbleibendere Leistung in kaltem Wasser und in den

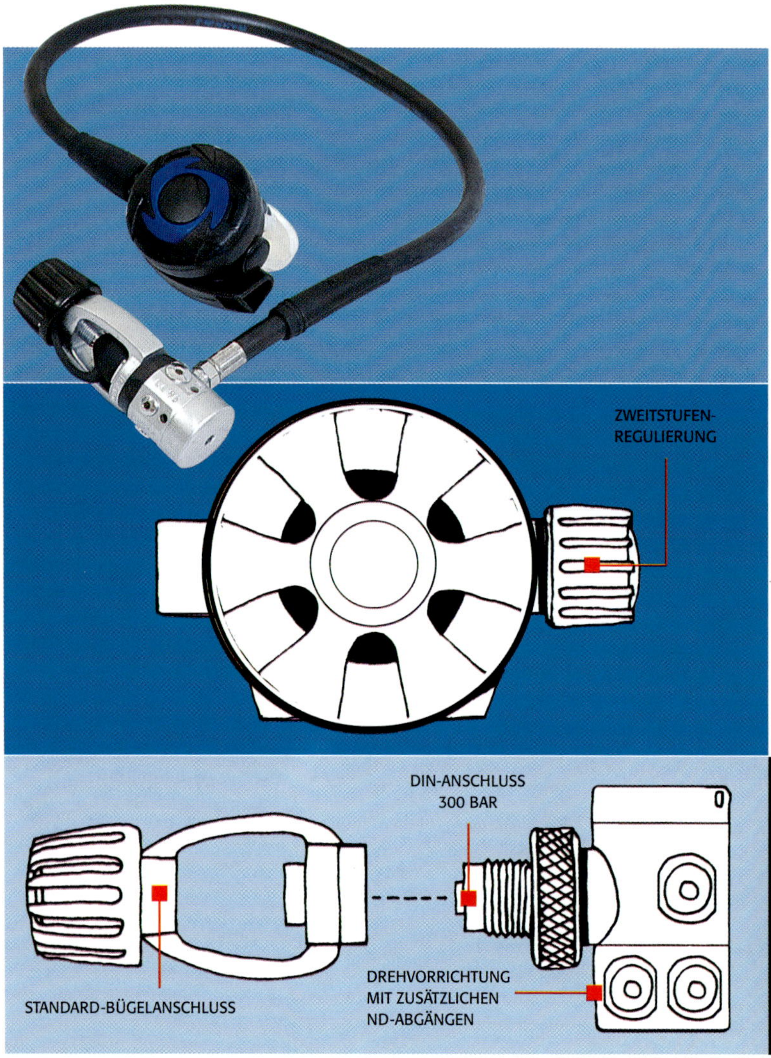

Oben und Mitte: Ein zweistufiger Atemregler mit einem Schlauch ist Standard. Etwa 30 Prozent haben eine regulierbare zweite Stufe.
Unten: Die Niederdruckabgänge am Atemregler sind zum Aufblasen von Jacket und Trockentauchanzug sowie für eine zusätzliche zweite Stufe.

Wartungsintervallen bringt. Geübte Taucher können sie vor Ort gut regeln. Einige erste Stufen lassen sich für das Tauchen in kaltem Wasser kapseln, sodass Kolben oder Membran nur mit Flüssigkeit auf Silikon- oder Alkoholbasis in Berührung kommt und kein Wasser eindringen kann.

Die Abbildung unten zeigt die verbreitetste zweite Stufe, bei der der Niederdruckschlauch meistens über die rechte Schulter des Tauchers läuft. Ein Entleerknopf vorne öffnet das Einlassventil, sodass Luft alles Wasser aus der zweiten Stufe treiben kann, bevor Sie sie in den Mund stecken. Das Auslassventil liegt hinten und leitet die verbrauchten Luftbläschen zu beiden Seiten ab. Dieses Modell hat ein Oben und Unten und muss richtig herum benutzt werden.

Es gibt noch eine andere zweite Stufe, bei der Membran und Auslassventil auf der Seite gegenüber dem ND-Einlassschlauch liegen. Das kleinere und leichtere System kann beiderseits des Gesichts benutzt werden, sodass der ND-Schlauch über beide Schultern laufen und die Atembläschen vom Gesicht wegleiten kann.

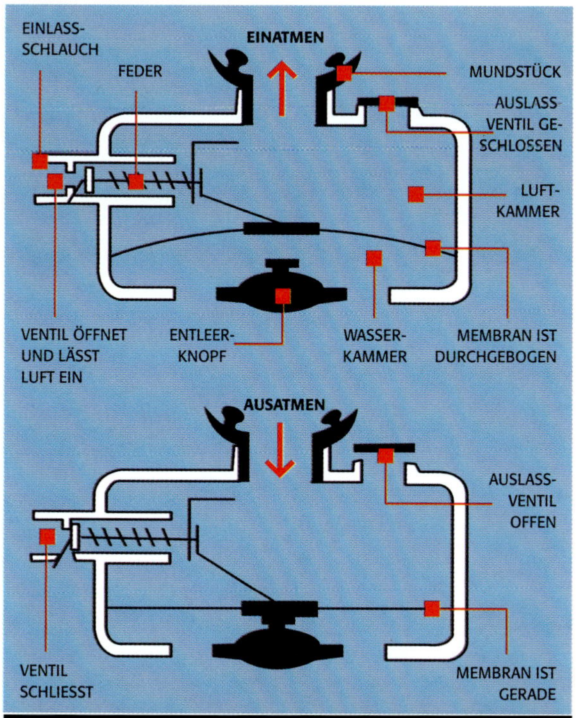

Moderne zweite Stufen verwenden zur Gewichtseinsparung nach Möglichkeit Kunststoff und haben Down-Stream-Ventile.

Das nützt vor allem Fotografen, die dichter an das Okular kommen, und ist eine alternative Luftversorgung, denn ein gestresster Taucher kann sie nicht versehentlich verkehrt herum in den Mund stecken.

Beim Einatmen wird die Membran nach innen gezogen und drückt gegen einen Kipphebel, der mit einem Einwegventil verbunden ist. Das Ventil öffnet, und der Taucher wird mit Luft versorgt. Da das Ventil vom Luftstrom weg öffnet, wird es Down-stream-Ventil genannt. Das System ist pannensicher; wenn das Ventil versagt, bleibt es offen, statt zu schließen und die Luftzufuhr zu stoppen.

Eine zweite Stufe als alternative Luftversorgung ist mit einem eigenen ND-Schlauch mit dem Atemregler oder der Direktzufuhr für das Tarierjacket verbunden. Eine solche getrennte zweite Stufe ist zur besseren Erkennung im Notfall normalerweise gelb. Ist sie direkt mit dem Atemregler verbunden, ist sie leichter benutzbar, wenn sie einen besonders langen Schlauch hat. Eine kleine Flasche mit 2–3 l und eigenem Regler, die an der Hauptflasche befestigt wird, ist eine weitere zusätzliche Luftquelle.

Wartung des Atemreglers

Am besten spült man den Regler mit Süßwasser ab, solange er noch mit dem Flaschenventil verbunden und dieses noch aufgedreht ist. Ansonsten schraubt man den Regler ab, lässt ihn aber auf der Flasche und die Luft langsam ausströmen, damit sie alle Feuchtigkeit aus der ersten Stufe bläst. Die Staubkappe aufstecken und die erste Stufe höher als die zweite halten, während man mit Süßwasser abspült. Nicht auf den Entleerknopf drücken.

Regelmäßig den äußeren Filter der ersten Stufe prüfen. Bei grüner Verfärbung ist Wasser in die erste Stufe gedrungen und könnte in einer kürzlich benutzten Flasche sein; ein rötlicher Filter deutet auf Rost von einer Stahlflasche hin; ein schwärzlicher oder öliger Filter weist auf die Füllung aus einem defekten Kompressor hin. Den Atemregler bei starker Benutzung halbjährlich prüfen lassen, ansonsten einmal jährlich oder wenn es ein Problem oder eine sichtbare Beschädigung gibt.

Wird ein Atemregler auf eine Flasche montiert, den Finimeter von Personen fern halten, wenn die Luft aufgedreht wird, da das Glas herausfliegen kann. Prüfen Sie anhand des Finimeters, ob die Flasche voll ist, und horchen Sie, ob der O-Ring undicht ist. Gegebenenfalls ersetzen.

Instrumente und Zubehör

Weil Zeit und Tiefe so wichtig für Taucher sind, brauchen sie bei jedem Tauchgang bestimmte Informationen, wie:

- Die beim Tauchgang erreichte maximale Tiefe.
- Die jeweils aktuelle Tiefe.
- Die unter Wasser verbrachte Zeit (Grundzeit).
- Den aktuellen Flaschendruck.

Jeder Taucher braucht Instrumente, die zumindest diese Werte anzeigen, dazu einen Tauchplaner, Dekotabellen oder einen Tauchcomputer, falls die geplante Grund- oder Nullzeit überschritten wird, sowie einen wasserdichten Kompass, falls sich die Sicht unter Wasser verschlechtert.

Finimeter

Der Finimeter ist die einzige Möglichkeit festzustellen, wie viel Luft noch in der Flasche ist. Er sitzt am Hochdruckabgang der ersten Stufe. Einige Taucher bauen ihn in eine Konsole ein, um mehrere Instrumente beisammen zu haben.

Der verbreitetste mechanische Finimeter ist ein Bourdon-Manometer, ein rundes oder spiralförmiges, mit Öl gefülltes Rohr, das an einem Ende versiegelt und am anderen mit einer Membran verschlossen ist.

Wird der HD-Schlauch außen mit der Membran verbunden, versucht der auf das Öl im Rohr wirkende Druck, Letzteres zu strecken. Die tatsächliche Streckung ist gering und zeigt über ein Hebelsystem am anderen Rohrende den Druck auf einer Skala an.

Tiefenmesser

Tiefenmesser geben dem Taucher die maximal erreichte Tiefe an. Beim Abtauchen wandert ein Zeiger über die Skala und schiebt einen zweiten Zeiger mit. Beim Aufstieg wandert der Hauptzeiger wieder zurück, während der zweite in der erreichten Stellung stehen bleibt. Der zweite Zeiger muss vor jedem Tauchgang auf null gestellt werden.

Unterwasseruhren

Tauchcomputer (vgl. S. 72) haben UW-Uhren überrundet, aber Batterien können ausfallen, und wer nicht mit einem zweiten Ersatzcomputer taucht, sollte eine Uhr bei sich haben. Beim Tauchen

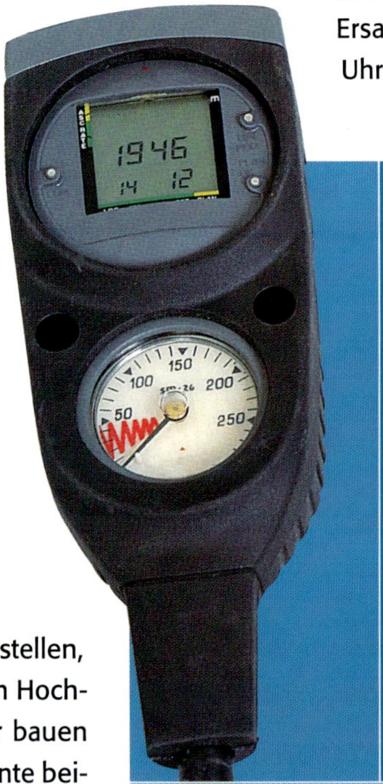

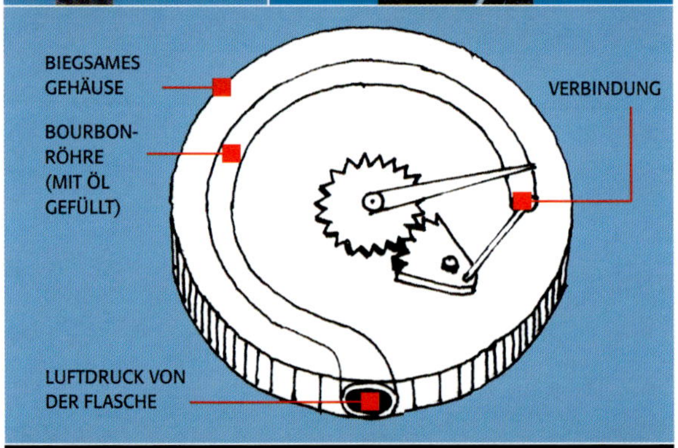

Oben links und oben: Mit einem Finimeter, wie der mit Öl gefüllten Bourdon-Röhre, wird der Flaschendruck gemessen. Oben rechts: Analoge Unterwasseruhren haben einen Drehring, der beim Start des Tauchgangs mit dem Minutenzeiger zur Deckung gebracht wird.

sollten nur Uhren benutzt werden, die für Tiefen von mehr als 200 m geeignet sind.

Digitale Taucheruhren sollten Beleuchtung haben, damit sie auch bei schlechten Lichtverhältnissen ablesbar sind, und eine Stoppuhr, die bei Tauchbeginn in Gang gesetzt wird, um die abgelaufene Zeit anzuzeigen. Digitaluhren haben unter Umständen kleine Knöpfe, die mit kalten Händen oder Handschuhen schwer zu bedienen sind.

Analoguhren sollten ein Leuchtzifferblatt und einen nur in einer Richtung drehbaren Zeitstellring haben, der bei Tauchbeginn mit dem Minutenzeiger in Übereinstimmung gebracht wird, sodass man an der Differenz stets die abgelaufene Zeit ablesen kann.

Tauchkompass

Tauch- und Landkompass sind identisch, nur dass Ersterer wasserdicht ist. Bei den meisten Tauchgängen wird er nicht gebraucht, doch die Sicht kann sich aus verschiedenen Gründen unvermittelt verschlechtern. Es empfiehlt sich daher, für den Fall der Fälle immer einen Kompass mitzuführen.

Messer

Tauchermesser dienen nicht der Verteidigung, sondern zum Stochern, Graben, Messen, Klopfen gegen die Flasche, um den Partner aufmerksam zu machen, und vor allem natürlich zum Durchtrennen von Angelschnüren, Fischernetzen, Leinen und Algen, in denen sich Taucher verfangen und in Gefahr geraten können.

Gezahnte Klingen eignen sich gut zum Durchtrennen von Seilen, mit normalen Klingen hat man Schwierigkeiten bei Netzen und Leinen aus Monofil, da es elastisch ist. Einige Messer haben eine Kerbe zum Schneiden von Monofilgarn, es gibt sogar spezielle Geräte dafür, viele Taucher ziehen jedoch eine Allzweckschere vor.

Lampen

UW-Lampen gibt es in allen Formen, Größen und Stärken. Diejenigen, die bei Tageslicht Wracks ausleuchten sollen, können groß und stark sein. Für das Nachttauchen sollten sie jedoch schwächer sein, damit scheue Meerestiere nicht verjagt werden. Starke Lampen haben normalerweise wieder aufladbare Nickel-Kadmium-Stahlakkumulatoren, schwächere kommen auch mit Alkaline-Batterien aus.

Ersatzausrüstung

Jeder Taucher sollte schließlich eine wasserdichte Box mit den Werkzeugen und Ersatzteilen bei sich haben, die am ehesten gebraucht werden. Dazu gehören Schrauben- und Kreuzschlitzschraubenzieher, Schraubenschlüssel, Inbusschlüssel, Ersatzmaske und –fersenbänder, O-Ringe, Silikonfett, Ersatzbatterien, ein zweites Mundstück, Kabelband für die zweite Stufe und Angelhaken zum Entfernen alter O-Ringe.

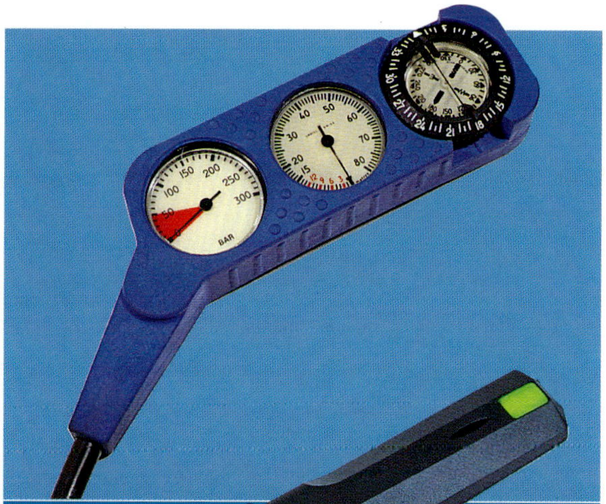

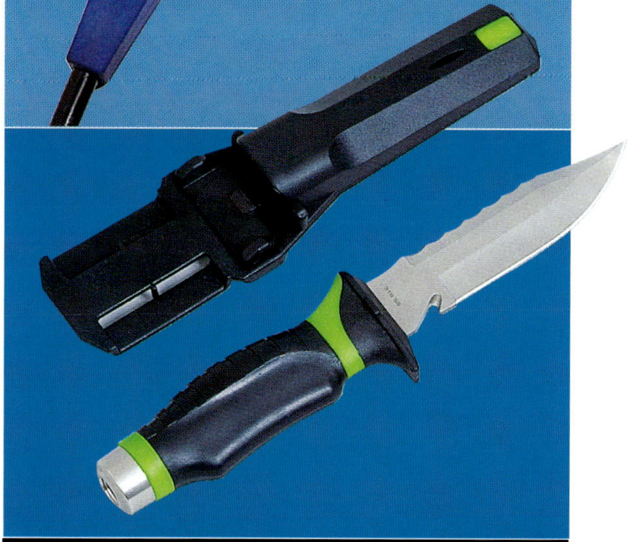

Ganz oben: Mit einer Konsole können Finimeter, Tiefenmesser und Kompass gut zusammengefasst werden. Oben: Zum Durchtrennen von Leinen und Netzen braucht man ein robustes Messer. Man befestigt das Messer innen oder außen am Unterschenkel, wo es im Bedarfsfall schnell zur Hand ist.

Grundausbildung

Kein verantwortungsbewusster Tauchveranstalter leiht Ihnen Flaschen oder lässt Sie ohne Lehrer tauchen, wenn Sie nicht den Nachweis (C-Card) erbringen können, dass Sie ausreichend geschult sind.

Schulen lassen kann man sich entweder, indem man mehrere Monate regelmäßig Trainingskurse in einem Tauchclub besucht, oder einen Intensivkurs bei einer Tauchschule absolviert.

Tauchschulen möchten ihren Schülern das Lernen so angenehm wie möglich machen, etwa in warmen tropischen Gewässern während des Urlaubs. Kurse im Club dauern länger, die Ausbildung umfasst allerdings häufig Spezialkurse, die man für das Tauchen in kälteren Gewässern oder unter schwierigeren Bedingungen braucht.

Grundausrüstung

Tauchanfänger müssen sich zunächst mit der Grundausrüstung vertraut machen und lernen, wie man sie überprüft. Volle Tauchflaschen haben im Allgemeinen eine Staubkappe oder ein Klebeband über dem Ventilabgang zum Zeichen dafür, dass sie gefüllt sind. Entfernen Sie dies und öffnen Sie kurz das Flaschenventil, um es von Wasser oder Staub zu befreien. Prüfen Sie den O-Ring des Ventils zwischen Flasche und Atemregler und fahren Sie mit einem nassen Finger ringsum, um Salz zu entfernen und die Abdichtung zu gewährleisten. Stülpen Sie den Anschluss der ersten Stufe über den Ventilabgang, achten Sie darauf, dass er auf die Vertiefung des Flaschenventils passt und ziehen Sie dann den Bügel- (INT) oder DIN-Anschluss an.

Halten Sie den Finimeter von sich und anderen weg, öffnen Sie leicht das Ventil und horchen Sie auf ausströmende Luft. Entweicht Luft, sind Atemregler und Ventil vielleicht nicht richtig verbunden; schließen Sie das Ventil und versuchen Sie, den Regler festzuziehen. Entweicht dann immer noch Luft, brauchen Sie entweder einen neuen O-Ring zwischen Flasche und Regler, oder der Regleranschluss hat die falsche Größe. Wenn der Anschluss richtig ist, öffnen Sie das Ventil, bis Sie Widerstand spüren, und schließen es dann mit einer Vierteldrehung. Prüfen Sie am Finimeter, ob die Flasche voll ist.

Nehmen Sie das Mundstück der zweiten Stufe in den Mund und machen Sie eine Atemprobe. (Vielleicht müssen Sie mehrere ausprobieren, bis Sie das passende finden.) Beobachten Sie beim Atmen durch die zweite Stufe den Finimeter; schlägt der Zeiger stark aus, stimmt etwas nicht, und der Atemregler sollte überprüft werden.

Wenn Sie sich versichert haben, dass die Flasche voll ist, schließen Sie das Flaschenventil, entfernen Sie die erste Stufe und schließen Sie das Jacket an. Schließen Sie zunächst das Ventil und lassen Sie dann durch Drücken des Entleerknopfes vorne an der zweiten Stufe

Welche Tauchschule?

Es gibt kaum qualitative Unterschiede in der Ausbildung durch die anerkannten Tauchschulen, die der amerikanischen Professional Association of Diving Instructors (PADI), der National Association of Underwater Instructors NAUI), der CMAS-Germany oder einem anderen der vielen Verbände der World Underwater Federation (Confédération Mondiale des Activités Subaquatics – CMAS) angeschlossen sind. (Vgl. die Äquivalenzliste S. 11.)

Die Kurse behandeln die für das Tauchen relevante Technik, Physiologie und erste Hilfe sowie die Tauchplanung. Die Grundausbildung umfasst gelegentlich auch die Dekompression. Die meisten Tauchschulen verlangen einen kurzen Schwimmtest mit und ohne Schnorchel als Nachweis, dass der Taucher mit dem Wasser vertraut ist.

Jeder Tauchneuling muss seine Maske unter Wasser ausblasen sowie auf- und absetzen können, wenn sie verrutscht ist. Das wird mit einiger Übung bald zur Routine.

1 Den O-Ring zwischen Atemregler und Flasche auf Risse, Haare und Salz prüfen und mit einem nassen Finger abwischen und säubern.
2 Das Ventil kurz öffnen, um allen Staub zu entfernen.
3 Den Bügelanschluss der ersten Stufe an die Flasche montieren und zudrehen.

etwas Luft ab. Dann können Sie den Anschluss zwischen Atemregler und Flasche lösen und den Regler abnehmen.

Die Notflasche für das Jacket füllen

Hat das Jacket eine Notflasche zum Nachfüllen, sollte man sie füllen, bevor man den Regler anschließt. Stellen Sie sicher, dass die Tauchflasche vollen Betriebsdruck hat, nehmen Sie die Notflasche vom Jacket ab und schließen Sie sie so an das Flaschenventil an, wie Sie die erste Stufe anschließen würden. Öffnen Sie das Ventil der Notflasche und dann langsam das der Tauchflasche. Sobald Sie hören, dass keine Luft mehr in die Notflasche strömt, schließen Sie beide Ventile. Das Notflaschenventil hat einen Entleerknopf, den Sie drücken müssen, um die Luft auszublasen, die zwischen den Ventilen bleibt, bevor Sie die Notflasche abnehmen können. Bringen Sie sie wieder am Jacket an und öff-

Die Notflasche für das Jacket an die Hauptflasche anschließen und durch Öffnen beider Ventile langsam füllen, dann beide Ventile schließen und den Entleerknopf an der Notflasche drücken, damit die beiden Flaschen getrennt werden können.

nen Sie kurz das Ventil, um sicherzustellen, dass das Jacket sich richtig füllt.

Jacket und Regler an die Flasche anschließen

Tarierjackets haben eine Bänderung für die Tauchflasche, wobei das Jacket-Backpack zum Abgang des Flaschenventils hin liegt und so weit nach unten reicht, dass das Flaschenventil sich etwas über dem oberen Ende des Backpacks befindet. Lösen Sie diese Bänder nicht völlig, um sie um die Flasche zu schlingen, da sie so durch eine Schnalle laufen, dass sie nicht versehentlich aufgehen können. Hat die Flasche die richtige Lage, ziehen Sie die Bänder fest und sichern Sie sie.

Bringen Sie nun die erste Stufe so an, dass der Niederdruckschlauch für die zweite Stufe (die, durch die Sie atmen möchten) so über eine Schulter läuft, dass die richtige Seite der zweiten Stufe oben ist. Schließen Sie alle direkten ND-Schläuche an das Jacket an, befestigen Sie alle Schläuche in den Halterungen und drehen Sie die Flasche auf. Streifen Sie sich nun mit Hilfe eines Partners das Jacket über. Achten Sie darauf, dass nichts unter den Schultergurten eingeklemmt wird und ziehen Sie sie an, dann den Bauchgurt. Beugen Sie sich nach hinten und prüfen Sie, dass die erste Stufe nicht gegen Ihren Kopf stößt; tut sie es, sitzt sie zu hoch. Durch Lockern der Schultergurte des Jackets kann man die zweite Stufe nach unten verlagern – sind die Gurte jedoch zu locker, kann die erste Stufe beim Sprung ins Wasser gegen den Kopf schlagen, und man muss die Flasche insgesamt tiefer anbringen.

Nehmen Sie nun die zweite Stufe in den Mund und probieren Sie zu atmen. Wenn der Schlauch zur zweiten Stufe zu kurz oder lang ist, kann man das durch Drehen der Flasche in der Bänderung nach links oder rechts korrigieren, bis das Mundstück richtig sitzt.

Im Becken üben

Jetzt sind Sie so weit, unter Wasser zu atmen. Nehmen Sie das Mundstück der zweiten Stufe in den Mund, setzen Sie die Maske auf und gehen Sie an der flachen Seite ins Becken (Flossen sind nicht nötig). Der Lehrer ist bei Ihnen. Halten Sie sich am Beckenrand fest und tauchen Sie den Kopf vornüber ins Wasser. Das fühlt sich ungewöhnlich an. Anfangs werden Sie den Atem immer anhalten wollen und das Atmen wird Ihnen sehr laut vorkommen, aber Sie entspannen sich allmählich.

Als Erstes lernt man im Tauchkurs das Atmen unter Wasser mit einem Atemgerät. Es erscheint zunächst unnatürlich, doch man ist bald gelöst und atmet ganz normal.

Nun müssen Sie die richtige Belastung herausfinden. Legen Sie die komplette Ausrüstung an (Anzug, Flossen, Maske, Jacket etc.). Vergewissern Sie sich, dass Sie den Bleigürtel rasch öffnen können, wenn es Schwierigkeiten gibt. Stecken Sie zunächst ein kleines Gewicht in den Gürtel und befestigen Sie es. Beugen Sie sich jetzt im Wasser vor und lassen Sie die Beine hinter sich nach oben treiben. Wahrscheinlich reicht ein Gewicht nicht aus, und Sie werden weitere Gewichte anbringen müssen, bis der Körper langsam nach unten sinkt. Jetzt haben Sie das für Süßwasser und diese Ausrüstung richtige Gewicht. (In Salzwasser oder mit einem dickeren Tauchanzug brauchen Sie mehr Gewicht.) Üben Sie für den Notfall das Lösen des Bleigürtels mit einer Hand.

Das Mundstück der zweiten Stufe ausblasen

Vor dem Gang in tieferes Wasser müssen Sie lernen, wie man das Wasser aus Maske und Mundstück der zweiten Stufe bekommt. Knien Sie sich zum Üben im flachen Becken auf den Boden, sodass Ihr Kopf über Wasser ist, wenn Sie sich, weil es ein Problem gibt, hinstellen.

Wenn die zweite Stufe richtig im Mund sitzt, kann kein Wasser eindringen, außer wenn das Ablassventil beschädigt oder durch Sand oder Fett undicht geworden ist. Nimmt man das Mundstück jedoch aus irgendeinem Grund aus dem Mund, füllt sich die zweite Stufe vor dem Ventil mit Wasser. In dem Fall kann man das Wasser leicht ausblasen, indem man vor dem Einatmen durch den Regler ausatmet. Hat die zweite Stufe eindeutig Oben und Unten, muss man sie mit dem Auslassventil nach unten in den Mund stecken. Wenn der Atem nicht reicht, die zweite Stufe auszublasen, kann man sie aus dem Mund nehmen und den Entleerknopf drücken. Das Mundstück muss immer am tiefsten Punkt der zweiten Stufe sein, damit die Luft in der zweiten Stufe das Wasser draußen hält. Dazu hält man die zweite Stufe über den Kopf, das Mundstück nach unten. Dann drückt man den Entleerknopf und biegt den Kopf nach hinten, damit man das Mundstück wieder in den Mund stecken kann, wobei es immer am tiefsten Punkt der zweiten Stufe bleibt.

Ist das Mundstück eingesetzt, sollte man erst aus-, dann einatmen.

Um das Wasser aus der zweiten Stufe zu treiben, das Mundstück über Kopfhöhe halten und den Entleerknopf drücken.

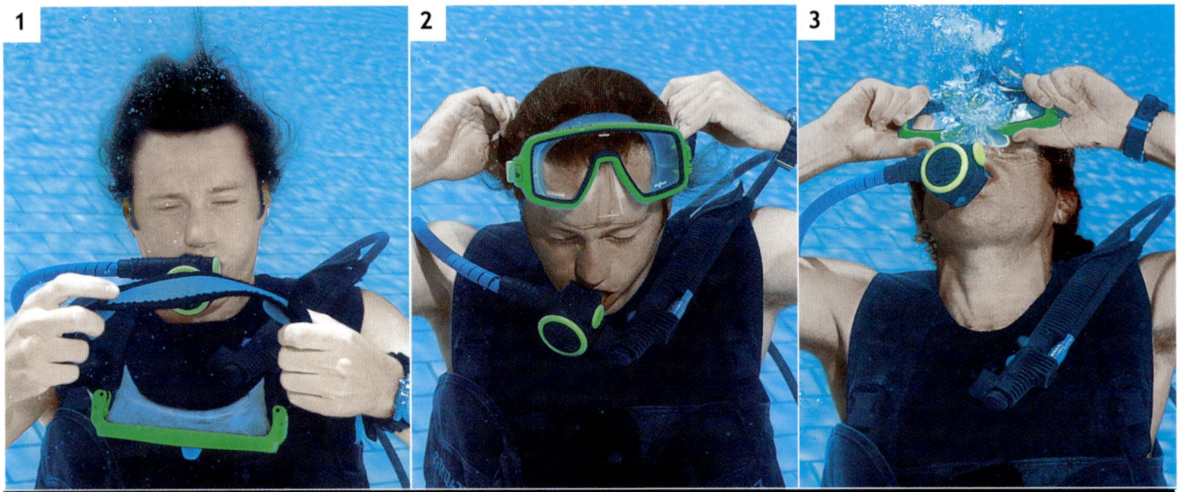

1 Zum Aufsetzen der Maske das Halteband nach vorn klappen und darauf achten, dass die richtige Seite oben ist.

2 Das Halteband über den Hinterkopf ziehen und die Maske aufsetzen; dabei keine Haare einklemmen.

3 Den Kopf nach hinten legen, auf den oberen Maskenrand drücken und kräftig durch die Nase ausatmen, um das Wasser auszutreiben.

Die Maske frei machen

Jede Maske wird einmal undicht oder einem versehentlich vom Gesicht geschlagen. Hat die Maske ein Entleerventil, kann man das Wasser größtenteils austreiben, wenn man durch die Nase in die Maske schnaubt. Entleerventile sind jedoch nicht zuverlässig und werden oft durch Verschmutzen undicht. Es ist besser, den Kopf in den Nacken zu legen, mit einer Hand fest oben gegen die Maske zu drücken und kräftig durch die Nase auszublasen, um das Wasser unten an der Maske auszutreiben.

Um für den Fall zu üben, dass einem die Maske vom Gesicht geschlagen wird, nimmt man sie ganz ab. Halten Sie sie richtig herum, das Kopfband in einer Hand, die Maske in der anderen. Falls nötig, die Haare aus der Stirn streichen, die Maske aufsetzen, das Band um den Hinterkopf legen, den Kopf nach hinten beugen, am oberen Rand auf die Maske drücken und in sie hineinschnauben, um das Wasser auszutreiben. Das sollte man von Mal zu Mal in größerer Tiefe üben.

Wechselatmung

Bevor man das sichere Flachwasser verlässt, muss man die Wechselatmung (gemeinsame Benutzung eines Atemgeräts) für den Fall üben, dass einem Partner die Luft ausgeht. Wenn man regelmäßig den Finimeter abliest und aufsteigt, wenn die Flasche noch etwa zu einem Viertel voll ist, dürfte die Luft eigentlich nie knapp werden. Es kann jedoch unvorhergesehene Probleme mit der Ausrüstung geben, oder man muss gegen starke Strömung anschwimmen und ist auf zusätzliche Luft angewiesen.

Am einfachsten ist die Wechselatmung über eine zweite Luftversorgung am direkten Zugang zum Jacket, da dann beide Partner eine eigene zweite Stufe haben.

Wer Luft vom Partner braucht, gibt ihm ein entsprechendes Zeichen. Dann nimmt man dessen zweite Luftversorgung, vergewissert sich, dass die richtige Seite oben ist und das Mundstück nach unten zeigt. Das Wasser aus dem Teil blasen, in den Mund stecken, zuerst aus-, dann einatmen. Dabei sollten sich die beiden Partner gegenseitig an den Jacketgurten festhalten und langsam aufsteigen.

Da es vorkommen kann, dass ein Partner keine zweite Luftversorgung hat, muss man für diese Situation zuvor zuerst an Land und dann im Flachwasser trainieren. Signalisieren Sie Ihrem Partner, dass Ihre Luft ausgeht, schwimmen Sie zu ihm und fassen Sie sich gegenseitig vorn an die Jacketgurte. Der Spender (der noch Luft hat) sollte zweimal einatmen und die zweite Stufe dann dem Partner reichen, das Mundstück nach unten. Der Empfänger nimmt die zweite Stufe, hält das Mundstück nach unten, entleert es, führt es

Wechselatmung, bei der zwei Taucher sich eine Luftquelle teilen, ist mit einer zweiten Luftversorgung (Octopus) einfacher, die Taucher müssen aber auch auf nur eine Luftversorgung vorbereitet sein.

zum Mund, atmet aus und dann zweimal ein und gibt es dem Spender zurück. Das wiederholt sich, bis beide auftauchen.

Dieses Vorgehen soll für den Notfall geübt werden, bei dem beide Taucher langsam aufsteigen. Derjenige, der gerade nicht durch das Mundstück atmet, sollte langsam ausatmen. Sobald die Taucher die Übung beherrschen, können sie sie wiederholen und dabei horizontal schwimmen.

Bedenken Sie: In einem echten Notfall ist der Taucher ohne Luft wahrscheinlich angespannt und handelt eventuell unvernünftig.

Handzeichen

Eigentlich sollten die Handzeichen für die Kommunikation unter Wasser für alle Tauchschulen einheitlich sein, damit alle Taucher sich untereinander verständigen könnten, doch es bestehen leider häufig Unterschiede.

Wer mit jemandem aus einer anderen Tauchschule taucht, sollte sich vorher mit ihm über die Handzeichen verständigen. In Notsituationen benutzen Taucher wahrscheinlich die Zeichen, die sie gelernt haben, und die sollte man verstehen.

ok?/ok

ok?/ok

Nicht in Ordnung

Komm her

Stop/Moment/Bleib dort

Tauch ab/Abtauchen

Welche Richtung?

Da lang schwimmen

Du führst, ich folge

Ich/Sieh mich an

Ich/Sieh mich an (Alternative)

Mach langsam/Ruhig bleiben

Ich bin auf Reserve

Zusammenbleiben

Hand geben

Keine Luft mehr

Wechselatmung/Luft abgeben

Wechselatmung/Luft abgeben (Alternative)

Kein Druckausgleich

Tauch auf/Auftauchen

Notfall/Hilfe

Üben im tieferen Wasser

Sie sind jetzt so weit, sich in tieferes Wasser zu wagen. Schwimmen Sie zum tiefen Beckenende, signalisieren Sie Ihrem Lehrer, dass Sie abtauchen wollen, und lassen Sie alle überschüssige Luft aus dem Jacket ab. Es gibt zwei Arten abzutauchen: die Füße oder den Kopf voran. In beiden Fällen muss man richtig tariert sein. Hat man zu viel Gewicht, taucht man schnell und vielleicht unsicher ab, kann Probleme mit den Ohren, der Stirnhöhle oder einer drückenden Maske bekommen und eventuell auf lebende Korallen prallen. Hat man zu wenig Gewicht, muss man sich vielleicht unnötig anstrengen, nach unten zu kommen.

Wer Probleme mit dem Druckausgleich hat oder etwas trägt, taucht am besten mit den Füßen voran ab. Wenn man gut austariert ist, genügt kräftiges Ausatmen, um den Abstieg einzuleiten. Wer diese Probleme nicht hat, kann mit dem Kopf voran aus der Schwimmlage abtauchen, wie die Enten es machen.

Man sollte langsam und kontrolliert abtauchen und die Kameraden dabei im Auge behalten, damit man sich nicht verliert. Der Aufstieg sollte langsamer als der der kleinsten Blasen erfolgen. Gewöhnen Sie sich an, beim Aufsteigen auszuatmen und nach oben zu schauen, damit Sie nicht irgendwas oder –wen an der Oberfläche anrempeln. Wenn Sie aufgetaucht sind, schauen Sie sich um, blasen Sie nötigenfalls Ihr Jacket auf und geben Sie dem Lehrer das OK-Signal.

Beweglichkeit und Auftrieb

Um sich unter Wasser gut bewegen zu können, sollte man neutralen Auftrieb haben (seine Lage im Wasser beibehalten können). Ist der Auftrieb zu groß (positiv), wird es schwer, eine bestimmte Tiefe einzuhalten, ist er zu gering (negativ), sinkt man langsam ab. Man braucht genügend Gewicht, um ohne große Mühe von der Oberfläche weg zu kommen, aber nicht zu viel, weil man sonst zu schnell sinkt. (Merke: Auch Lampen und Kameras wirken wie Gewichte und beeinflussen den Auftrieb.)

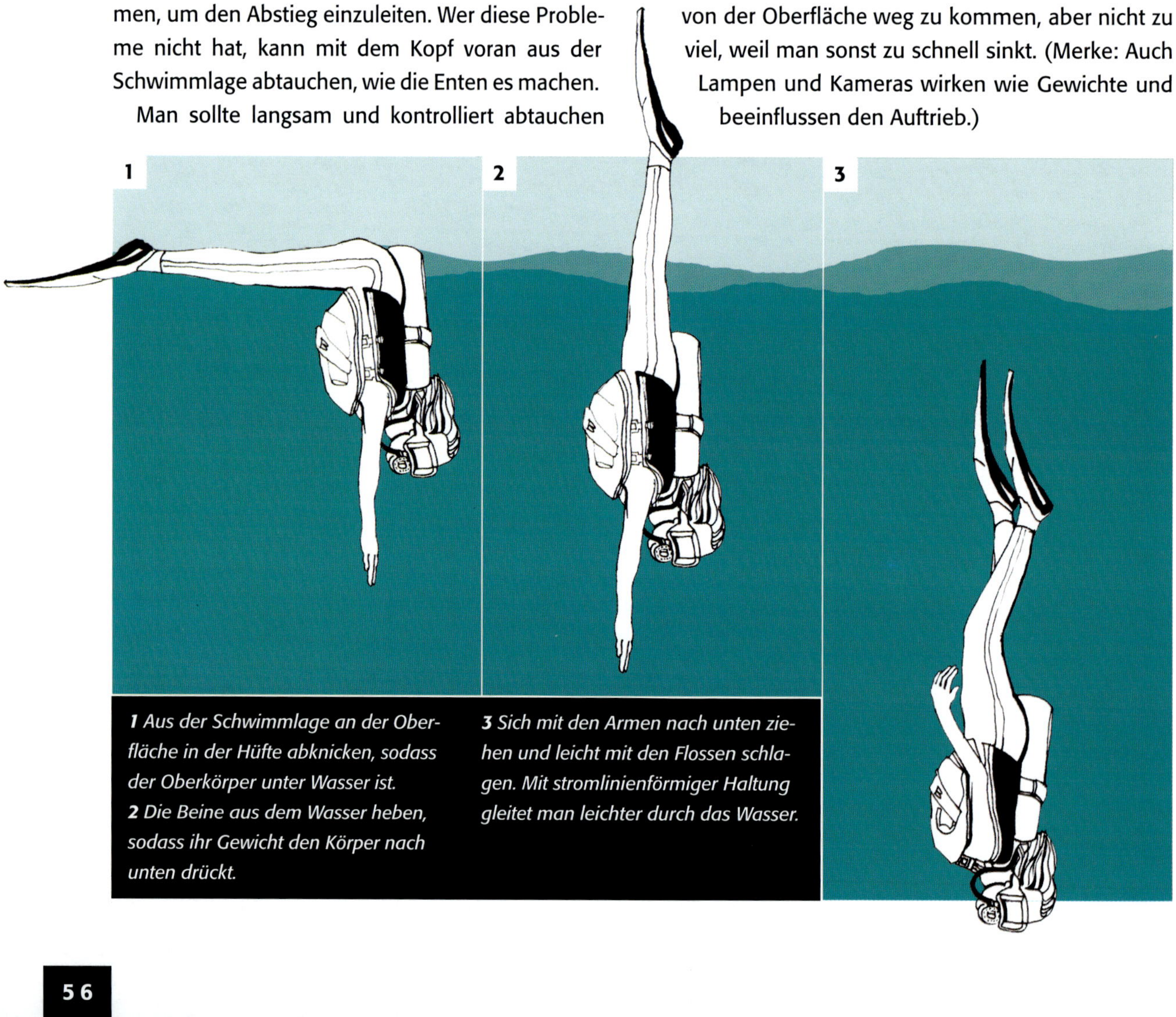

1 Aus der Schwimmlage an der Oberfläche in der Hüfte abknicken, sodass der Oberkörper unter Wasser ist.
2 Die Beine aus dem Wasser heben, sodass ihr Gewicht den Körper nach unten drückt.
3 Sich mit den Armen nach unten ziehen und leicht mit den Flossen schlagen. Mit stromlinienförmiger Haltung gleitet man leichter durch das Wasser.

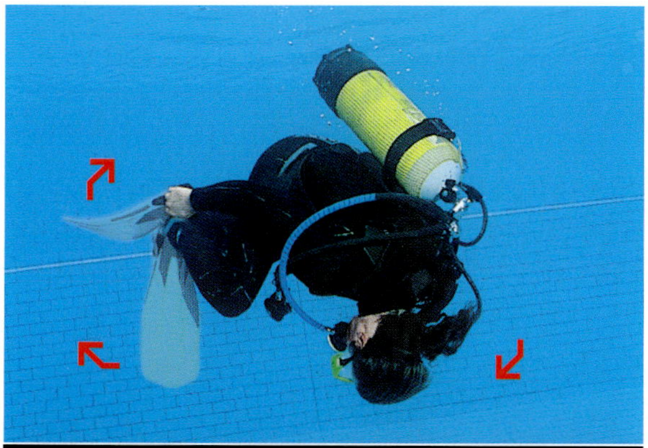

Rolle vorwärts – im Stand tief einatmen, um den Auftrieb zu erhöhen, und wenn der Körper nach oben strebt, eine Rolle vorwärts machen, indem man das Wasser mit den Händen und Armen zu sich zieht, um den Körper in Drehung zu bringen. Wenn man wieder im Stand ist, ausatmen, um den Auftrieb zu verringern.

Schweben – durch Regulieren der Atmung kann man seinen Auftrieb steuern. Bei neutralem Auftrieb kann man in einer gewünschten Tiefe verharren.

Am meisten Auftrieb hat man nahe der Oberfläche. Beim Abtauchen lässt der Auftrieb nach, da die Ausrüstung zusammengedrückt wird. Ein leichter Auftriebsverlust ist durch Einatmen auszugleichen. Atmet man tief ein, weitet sich die Brust und der Auftrieb nimmt zu. Bei stoßweisem Ausatmen oder flachem Atmen fällt der Brustkorb ein und der Auftrieb nimmt ab.

Wenn man tiefer taucht, muss man Luft in das Jacket lassen, um den Auftriebsverlust auszugleichen. Beim Aufstieg muss man entsprechend Luft ablassen, um den wachsenden Auftrieb zu kompensieren. Ähnlich muss man bei längeren Tauchgängen Luft aus dem Jacket ablassen, um den zunehmenden Auftrieb der Flasche auszugleichen, wenn deren Luft verbraucht wird.

Um Luft in das Jacket zu lassen, drücken Sie entweder einen Knopf an der direkten Zufuhr vom Atemregler, oder öffnen, falls vorhanden, kurz das Ventil an der kleinen Notflasche.

Um das Jacket unter Wasser von Mund aufzublasen, lösen Sie den geriffelten Schlauch, atmen Sie aus dem Regler ein, nehmen Sie das Mundstück der zweiten Stufe aus dem Mund, ersetzen es durch das Mundstück am geriffelten Schlauch und drücken den Entleerknopf des Jackets, bevor Sie in den geriffelten Schlauch ausatmen. Das müssen Sie vielleicht mehrmals machen; lassen Sie also den Entleerknopf des Jackets los, bevor

Um das Jacket von Mund aufzublasen, durch den Regler einatmen, dann in das Mundstück am Inflatorschlauch des Jackets ausatmen; so lange wiederholen, bis das Jacket aufgeblasen ist.

Sie den Mund vom Jacket nehmen, um aus dem Regler einzuatmen, da sonst Luft aus dem Jacket entweicht und Wasser eindringt. Sie müssen außerdem das Mundstück der zweiten Stufe ausblasen, bevor Sie es wieder in den Mund stecken.

Es gibt verschiedene Gewöhnungsübungen, durch die man Selbstvertrauen gewinnt und von selbst lernt, kleine Auftriebsveränderungen durch Atmen zu steuern.

Treiben Sie, um neutralen Auftrieb zu erreichen, entspannt deutlich über dem Boden im Wasser. Beobachten Sie, wie weit Sie durch tiefes Ein- und Ausatmen steigen bzw. sinken. Regeln Sie den Atem, bis Sie sich in einer konstanten Tiefe halten können.

An- und Ablegen

Um zu lernen, wie man Jacket, Flasche und Atemregler ab- und anlegt, knien Sie sich auf den Beckenboden. Behalten Sie die zweite Stufe des Reglers im Mund und nehmen Sie das Jacket ab. Legen Sie Jacket und Flasche auf den Boden. Der Auftrieb ist kein Problem, solange Sie den Bleigürtel tragen. Atmen Sie normal ein, drehen Sie die Luft ab, nehmen Sie die zweite Stufe aus dem Mund, legen Sie sie auf die Flasche und geben Sie dem Lehrer das OK-Zeichen. Dann das Ganze rückwärts. Drehen Sie die Luft auf, halten Sie das Mundstück nach unten und blasen Sie das Wasser aus. Legen Sie den Kopf zurück, stecken Sie das Mundstück in den Mund, atmen Sie aus und dann ein. Fahren Sie nun mit den Armen unter die Jacketgurte und heben Sie Jacket und Flasche so über den Kopf, dass sie nach unten gleiten. Schließen Sie den Bauchgurt – aufpassen, dass er nicht den Schnellverschluss des Bleigürtels verdeckt. Signalisieren Sie dem Lehrer Ihr OK.

1

2

3

4

Jacket und Flasche abnehmen

***1** Die Gurte am Jacket lösen.*

***2** und **3** Die Arme aus den Gurten ziehen, den Bauchgurt des Jackets öffnen und das Jacket abnehmen.*

***4** Jacket und Flasche vor sich auf den Beckenboden legen.*

Wenn Sie mit dem An- und Ablegen des Jackets im Flachwasser vertraut sind, können Sie es am Stück versuchen. Der Lehrer sieht vom Boden aus zu. Legen Sie Jacket, Flasche, Maske und die erste Stufe des Reglers ab. Nehmen Sie zuletzt den Bleigürtel ab, halten Sie ihn aber fest und atmen Sie tief ein. Drehen Sie die Luft ab, nehmen Sie die zweite Stufe aus dem Mund und legen Sie sie auf die Flasche. Lassen Sie nun den Bleigürtel los und tauchen Sie auf.

Schauen Sie, während Sie Wasser treten, wo der Bleigürtel liegt. Er ist das erste Ziel, denn ohne ihn haben Sie zu viel Auftrieb. Atmen Sie normal ein, tauchen Sie zum Gürtel hinunter und legen Sie ihn über ein Knie. Drehen Sie nun das Flaschenventil auf und halten Sie die zweite Stufe so, dass das Mundstück nach unten zeigt. Blasen Sie das Wasser aus, stecken Sie es in den Mund, atmen Sie aus und dann ein. Jetzt, wo Sie mit Luft versorgt und austariert sind, können Sie nach der Maske sehen. Machen Sie sie frei, setzen Sie sie auf, legen Sie das Jacket wieder an und signalisieren Sie Ihrem Lehrer OK.

Das Buddy-System

Aus Gründen der Sicherheit sind Taucher immer (mindestens) zu zweit unterwegs. Die Partner prüfen gegenseitig die Ausrüstung und behalten sich ständig im Auge, damit sie sofort erkennen, wann der andere Hilfe braucht. Vor dem Tauchgang sollten die Partner Folgendes prüfen:

- Dass jeder Taucher die Handzeichen versteht.
- Dass die Luftzufuhr des anderen ganz aufgedreht ist.
- Am Finimeter prüfen, ob die Flasche voll ist.
- Dass die Jacketgurte und Gewichte andere Ausrüstungsteile nicht behindern. Hat ein Partner ein integriertes Gewichtssystem, müssen beide wissen, wie es gelöst wird.
- Dass die Direktanschlüsse richtig am Jacket und gegebenenfalls auch am Trockentauchanzug sitzen.
- Dass jeder weiß, wie man das Jacket des Partners und gegebenenfalls den Trockentauchanzug aufbläst oder ablässt.
- Dass jeder Partner entweder einen Tauchcomputer oder Uhr, Tiefenmesser und Tauchplaner oder Dekotabellen bei sich hat.
- Dass jeder Taucher richtig sitzende Maske, Flossen, Schnorchel, Messer und Kompass hat.
- Dass keine Schnüre herumhängen oder Schläuche eingeklemmt sind.
- Dass jeder weiß, was im Fall einer Trennung zu tun ist.

Sobald Sie im Wasser sind, sollten Sie gegenseitig die Ausrüstung auf Schäden überprüfen, sich gegenseitig und dem Boot das OK-Zeichen geben, jeder das Abstiegs-Zeichen geben und sich vergewissern, dass der Partner bereit ist, indem Sie das OK-Zeichen geben, dann gemeinsam abtauchen.

- Dicht beieinander bleiben. Wenn jemand Probleme mit dem Druckausgleich hat, warten, bis alle weiter absteigen können.
- Tauchboje so setzen, dass man sich nicht in der Leine verfangen kann.
- Richtungsänderungen anzeigen und die neue Richtung signalisieren.
- Wenn der Tauchgang beendet ist oder ein Finimeter 50 bar anzeigt, geben Sie sich das Aufstiegs-Zeichen und tauchen Sie gemeinsam langsam auf.
- Binden Sie sich bei schlechter Sicht mit einer Leine zusammen.
- Bei Trennung den Partner suchen. Hat das nicht binnen einer Minute Erfolg, den Tauchgang abbrechen, langsam auftauchen und an der Oberfläche zueinander stoßen.

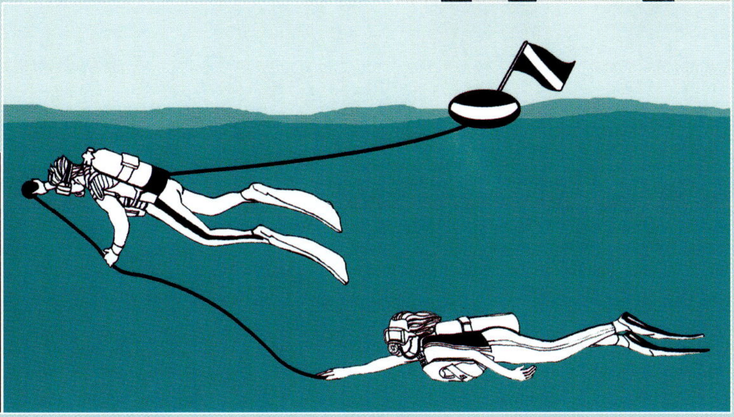

Oben rechts: Die Partner sollten vor dem Tauchen gegenseitig die Ausrüstung überprüfen. Rechts: Beim Einsatz einer Tauchboje und/oder Leine sollte beides in der Hand gehalten, nicht an einem Ausrüstungsgegenstand befestigt werden.

Tauchen im offenen Wasser

Im offenen Wasser kommen Sie in eine Umgebung, wo Gefahren in Gestalt von Booten, Wasserskiläufern und Windsurfern, aber auch kabbelige See drohen. Taucher sollten beim Aufsteigen wie folgt vorgehen:

- Geben Sie das Signal zum Aufstieg und vergewissern Sie sich, dass alle es verstanden haben.
- Schauen Sie nach oben und schwimmen Sie langsam zur Oberfläche.
- Gegenseitig beobachten und zusammenbleiben.
- Steigen Sie langsamer als die kleinsten Blasen auf und denken Sie daran auszuatmen.
- Notfalls Luft aus dem Jacket ablassen.
- Halten Sie zum Schutz gegen übersehene Hindernisse an der Oberfläche einen Arm über den Kopf.
- Sehen Sie sich nach dem Auftauchen ringsum nach näher kommenden Booten um.
- Blasen Sie Ihr Jacket nach dem Auftauchen auf.
- Geben Sie Ihrem Partner, dem Begleitboot oder Kameraden am Ufer das OK-Zeichen.
- Schwimmen Sie zum Ufer oder Boot (oder warten Sie auf das Boot, wenn Sie Strömungstauchen betreiben).

Beim Auftauchen den Körper um die Längsachse drehen, um sich klare Sicht ringsum zu verschaffen. Kurz vor der Oberfläche einen Arm nach oben halten, um sich vor Booten u.ä. zu schützen.

Wenn die Luft ausgegangen ist, hat sich der letzte Rest in der Flasche vielleicht so weit ausgedehnt, dass Sie nahe der Oberfläche noch ein paar Atemzüge machen können, zum Aufblasen des Jackets reicht es aber wohl nicht mehr.

Einige Jackets haben eine CO_2-Einmalflasche zum Aufblasen nach dem Auftauchen, andere eine Notflasche, die vor dem Tauchgang aus der Hauptflasche gefüllt wird. Auch das Aufblasen von Mund ist möglich.

Bisher haben Sie unter idealen Bedingungen im Becken trainiert, wahrscheinlich ohne Tauchanzug. Lycra-Anzüge beeinflussen den Auftrieb kaum, alle anderen aber sehr wohl, man muss sich also neu tarieren, wenn man ins Meer geht.

Neben der Tauchtheorie und –praxis sollten Sie auch erste Hilfe gelernt haben (vgl. S. 77/78) und wie man eine Atemspende (S. 78) und die Herz-Lungen-Wiederbelebung (S. 79/80) vornimmt.

Für den ersten Tauchgang im offenen Wasser erhalten Sie vom Lehrer einen »Tauchplan«. Er informiert über das, was beim Tauchgang zu erwarten ist, wie tief und wie lange Sie tauchen können, über durchzuführende Tests und Rückzugspläne, wenn etwas Außerplanmäßiges geschieht.

Sie kontrollieren gegenseitig die Ausrüstung, steigen ins Wasser und kontrollieren noch einmal. Ist alles in Ordnung, tauschen Sie das OK-Signal aus, tauchen zur vorgesehen Tiefe und führen die geplanten Tests durch. Bei Strömung dagegen schwimmen, sodass sie Sie beim Umkehren zum Ausgangspunkt zurückbringt.

Am Ende des Tauchgangs kehren Sie ans Ufer zurück, legen die Ausrüstung ab, spülen sie in Süßwasser und besprechen dann den Tauchgang. Genieren Sie sich nicht, Fragen zu stellen. Glückwunsch! Sie haben den ersten Tauchgang im offenen Wasser absolviert.

Navigation unter Wasser

Taucher nehmen oft natürliche Gegebenheiten wie Felsen, rechtwinklig zur Strömung wachsende Gorgonien oder die Kräuselung des Sandes zu Hilfe, die im Allgemeinen parallel zur Küste verläuft, aber wenn Orientierungsmerkmale am Boden fehlen, braucht man einen Kompass.

Der Steuerstrich eines Kompasses zeigt die vorgegebene Marschrichtung, mit der der Taucher seinen Körper in Übereinstimmung bringen muss. Die Magnetnadel kann durch Stahlflaschen, Messer, Uhren und elektronische Geräte beeinträchtigt werden. Man sollte den Kompass daher beim Ablesen möglichst weit weg von ihnen halten. Den Kompass entweder in eine Konsole einbauen oder mit beiden Händen so weit wie möglich vor dem Körper halten.

Kompassstriche

Ein Kompass hat eine Mittellinie, Steuerstrich genannt, die das vordere und hintere Kompassende markiert; eine Nadel oder Kompassrose, die den magnetischen Nordpol anzeigt; und einen Drehring, den man zur Deckung mit der nach Norden weisenden Nadel in Übereinstimmung bringen kann.
Der Kompass ist in 360° (Grad) eingeteilt, die im Uhrzeigersinn bei 0° (Norden) beginnen und über 90° (Osten), 180° (Süden) und 270° (Westen) zurück bis 0° reichen.

Wichtig beim Tauchen ist, den Weg zurück zum Ausgangspunkt zu finden. Als letzter Ausweg bleibt das Auftauchen, zurück zu schwimmen oder (beim Tauchen vom Boot) die Besatzung auf sich aufmerksam zu machen, doch dabei können einige Probleme auftreten. Bei hohem Wellengang wird die Bootsbesatzung Sie unter Umständen gar nicht sehen können. Selbst bei ruhiger See strengt das Schwimmen über Wasser mehr als das unter Wasser an, da Strömungen oder Wind das Vorankommen erschweren können. Es ist verlockend aufzutauchen, das Ziel mit dem Kompass anzupeilen, dann wieder abzutauchen und darauf zuzuschwimmen. Das sollte man jedoch nicht öfter als einmal machen, denn das Auf und Ab kann zur Caissonkrankheit führen. Für Dekotabellen oder Tauchcomputer entspricht das dem Auftauchen und dem Beginn eines neuen Tauchgangs, ohne Pause an der Oberfläche. Geschieht das, geben einige Tauchcomputer keine Informationen mehr, bis sie annehmen, dass eine angemessene Pause an der Oberfläche vergangen ist.

Es gibt drei Arten, den Umgang mit einem Kompass zu üben: den Parallel-, den Dreiecks- und den Viereckskurs. Entfernungen schätzt man durch Zählen der Flossenschläge. Wählen Sie zunächst eine Strecke hin und zurück, wenn keine Strömung herrscht, schwimmen Sie geradeaus und merken Sie sich Anhaltspunkte auf dem Meeresboden. Wenn Sie weit genug geschwommen sind, machen Sie um 180° kehrt und folgen Sie auf dem Rückweg der entgegengesetzten Peilung.

Bei einem Dreieckskurs gibt es zwei Wenden mit je einer 120° Drehung, beim Viereckskurs drei Wenden mit je 90°. Achten Sie über Zeit oder Flossenschläge auf die Entfernung.

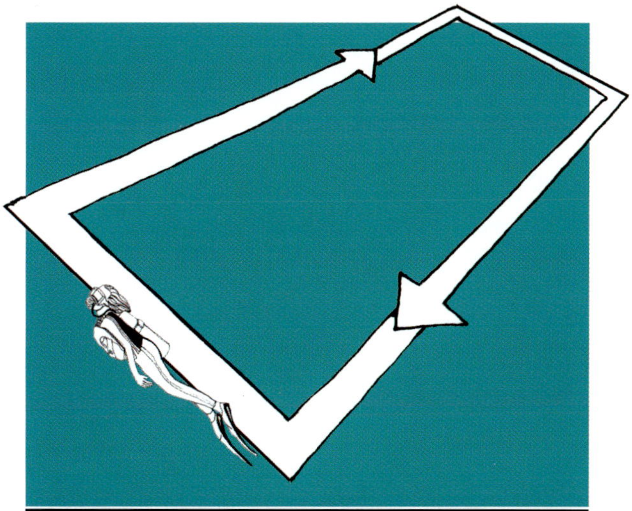

Auf einem rechteckigen Kurs machen Taucher dreimal eine Wende um 90° und müssen auf der Parallelseite jeweils dieselbe Strecke bzw. Zeit zurücklegen.

Training im Meer und Tauchplanung

Bei aller Freude über den ersten Tauchgang im Meer sollte man nicht übersehen, dass es wichtig ist, das Meer kennen zu lernen, um sicher und erlebnisreich tauchen zu können.

Gezeiten und Strömungen

Wer die Gezeiten versteht, kann sich die beste Zeit zum Tauchen aussuchen – Nipptiden und Stillwasser für leichte Tauchgänge oder zum Fotografieren, Springtiden und Flut zur Begegnung mit pelagischen Arten. Gezeiten werden durch die kombinierte Wirkung aus Erdumdrehung und Anziehungskraft zwischen Mond und Erde hervorgerufen, in geringerem Umfang auch der zwischen Sonne und Erde. Ein Gezeitenzyklus (vom Hoch- zum Niedrigwasser und zurück zum Hochwasser) dauert im Allgemeinen 12 Stunden.

Springtiden, die höchste und stärkste Flut, treten zweimal pro Monat bei Neu- und Vollmond auf. Noch stärkere äquinoktiale Springtiden gibt es, wenn Neu- und Vollmond besonders nah bei der Tagundnachtgleiche liegen, im März und September. Nipptiden, mit dem geringsten Unterschied zwischen Niedrig- und Hochwasser, treten zweimal pro Monat um das erste und letzte Mondviertel auf. Bei Ebbe, wenn das Wasser zurückweicht, können Sedimente die Sicht unter Wasser beeinträchtigen. Bei Flut strömt das Wasser an und steigt. Strömt eine Tide über harten Untergrund, herrscht gute Sicht. Auf dem Höhepunkt einer Tide herrscht starke Strömung, vor allem wenn das Wasser über weite Entfernungen ohne Hindernis gewandert ist.

Nahe bei Niedrig- und Hochwasser, wenn sich der Gezeitenstrom umkehrt, tritt für kurze Zeit Stillwasser ein (die Strömung ist schwach oder null). Lokale Gezeitentabellen ermöglichen das Berechnen von Ebbe und Flut, Still- oder schnellem Wasser. Unterschiedliche Wassertemperaturen, Wind dicht über der Oberfläche oder die Sonneneinstrahlung an einem seichten Riff können Strömungen hervorrufen, die morgens eventuell noch nicht bestehen, zum Nachmittag hin aber immer stärker werden.

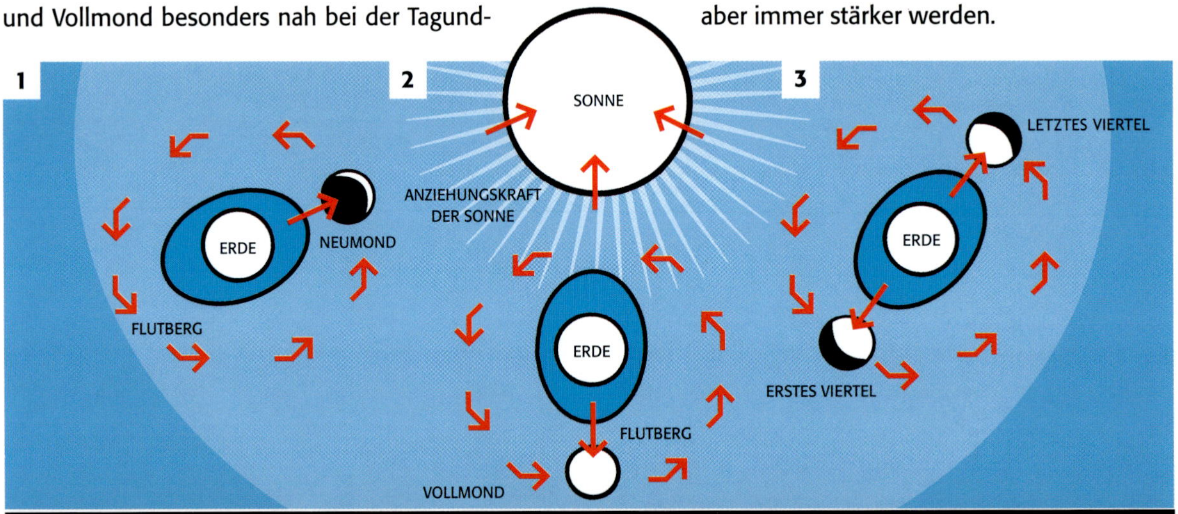

1 Neumond *Wenn der Mond genau zwischen Sonne und Erde steht, verursacht die gemeinsame Anziehungskraft von Sonne und Mond die höchsten Springtiden.*

2 Vollmond *Sonne und Mond sind zwar auf einer Linie mit der Erde, ihre entgegengesetzte Anziehungskraft verursacht geringere Springtiden.*

3 Erstes und letztes Mondviertel *Sonne und Mond sind nicht auf einer Linie mit der Erde, was Nipptiden verursacht, Gezeiten mit dem geringsten Unterschied zwischen Hoch- und Niedrigwasser.*

Der Einstieg ins Wasser

Tauchen vom Strand aus

Vom Strand kann man auf zwei Arten ins Wasser gehen: entweder geht man mit Flossen rückwärts ins Wasser, bis es so tief ist, dass man sich umdrehen und schwimmen kann, oder man geht, die Flossen in der Hand, ins Wasser, bis es tief genug zum Schwimmen ist, und zieht sie dann an. Bei Brandung ist die erste Methode die bessere. Beim Verlassen des Wassers macht man es umgekehrt.

Beim Einstieg durch die Brandung zieht man oft am besten vorher die Flossen an und geht rückwärts ins Wasser.

Tauchen von Felsen

In voller Montur über glatte Felsen klettern kann sehr beschwerlich sein, und man muss die lokalen Gezeiten kennen. Bei Niedrigwasser muss man vielleicht aus großer Höhe ins Wasser springen, während die Felsen beim Ausstieg zu weit aus dem Wasser ragen.

Tragen Sie Füßlinge mit fester Sohle und laufen Sie mehrmals zum Wasser, jedes Mal mit möglichst wenig Ausrüstung. Eine Hand sollte immer frei zum Ausbalancieren sein. Suchen Sie sich einen geeigneten Felsen aus, ziehen Sie die Flossen an, setzen Sie sich an den Rand und lassen Sie sich an den Händen ins Wasser gleiten. Springen Sie nur, wenn das Wasser klar und eindeutig tief genug ist. Springen Sie so, dass Sie auf dem Höhepunkt einer Welle auf dem Wasser auftreffen, und lassen Sie sich dann schwimmend von der zurücklaufenden Welle vom Felsen forttragen.

Timen Sie den Ausstieg so, dass ein Wellenkamm Sie auf die Felsen hebt. Gelingt das nicht, warten Sie die nächste Welle ab. Meiden Sie beim Ein- und Ausstieg Kanäle oder Rinnen, da sie die Brandung verstärken.

Auf einem Felsen Maske und Flossen anlegen und sich dann an den Händen ins Wasser gleiten lassen.

Einstieg vom Steg

Es gibt zwei Arten, von einem Steg ins Wasser zu gelangen: einen großen Schritt oder eine Rolle vorwärts.

Beim großen Schritt sollte man zuerst das Jacket leicht aufblasen, sich vergewissern, dass der Partner ebenfalls fertig und das Wasser frei ist. Halten Sie Maske und zweite Stufe mit einer Hand fest und schieben Sie mit der anderen den Bauchgurt des Jackets nach unten, damit die Flasche beim Sprung ins Wasser nicht nach oben schnellen und gegen den Nacken schlagen kann. Der Schritt nach vorn sollte groß sein, damit Abstand zwischen Flasche und Steg ist. Machen Sie sofort Platz für die nachfolgenden Taucher.

Bis zu einer Höhe von einem Meter kann man eine Rolle vorwärts machen. Da Sie nichts festhalten müssen, haben Sie die Hände für andere Dinge frei. Die Kamera sollte jedoch ins Wasser gehalten oder dem Taucher von jemandem nachgereicht werden.

Der Ausstieg auf einen Steg erfolgt immer ohne Flossen über Stufen oder eine Leiter.

__1__ Maske und zweite Stufe mit einer Hand festhalten und den Jacketgurt mit der anderen nach unten drücken.

__2__ Vom Steg einen großen Schritt nach vorn machen, damit man nicht mit der Flasche an den Stegrand schlägt.

__3__ Die Hände lassen, wo sie sind, bis man wieder nach oben kommt, dann den Partner suchen und Platz machen.

__1__ Die Rolle vorwärts eignet sich für Höhen bis zu 1 m.

__2__ Den Körper so nach vorn einknicken, dass der Rücken zuerst auf das Wasser trifft.

__3__ Kopf und Beine beim Eintauchen ins Wasser eingezogen halten.

Tauchen vom Boot aus

Das Wichtigste beim Tauchen vom Boot ist, dass der verantwortliche Tauchlehrer vor dem Auslaufen überprüfen kann, ob alle Taucher die nötigen Voraussetzungen mitbringen.

Tauchen vom kleinen Boot

Auf kleinen Booten ist es sehr eng, und die Taucher sind (bis auf Flossen und Maske) meistens schon in voller Montur, wenn sie an Bord kommen. Rücken Sie zusammen, setzen Sie sich auf die Seitenbänke und ziehen Sie die Flossen an.

Wenn das Tauchgebiet erreicht ist, sollten zwei Taucher jeweils gleichzeitig an den beiden Seiten ins Wasser gehen, da das Boot sonst übermäßig schwankt. Normalerweise achtet der Bootsführer darauf, dass das Wasser frei ist, bevor er den Tauchern das Zeichen zum Einstieg gibt.

Ziehen Sie, bevor Sie ins Wasser gehen, Flossen und Maske an und nehmen Sie die zweite Stufe in den Mund. Vergewissern Sie sich, dass die Flasche aufgedreht ist, das Wasser hinter Ihnen frei ist und die Flossen nicht an irgend etwas auf dem Boot hängen bleiben. Halten Sie Maske und zweite Stufe mit einer Hand fest und lassen Sie sich auf das Zeichen des Bootsführers mit geschlossenen Beinen nach hinten kippen. Schwimmen Sie im Wasser sofort zu Ihrem Partner und weg vom Boot, um den anderen Tauchern Platz zu machen.

Beim Verlassen des Wassers halten Sie sich mit einer Hand seitlich am Boot fest, lösen mit der anderen behutsam den Bleigürtel und reichen ihn ins Boot. Sind die Gewichte in das Jacket integriert, lassen Sie sie dort. Lösen Sie dann den Bauchgurt des Jackets, lockern oder öffnen Sie einen Schultergurt, nehmen Sie das

In kleinen Booten ist es meistens eng, die Taucher sollten sich deshalb schon vorher herrichten und jeweils zu zweit gleichzeitig rechts und links ins Wasser gehen, damit das Boot nicht zu sehr schaukelt.

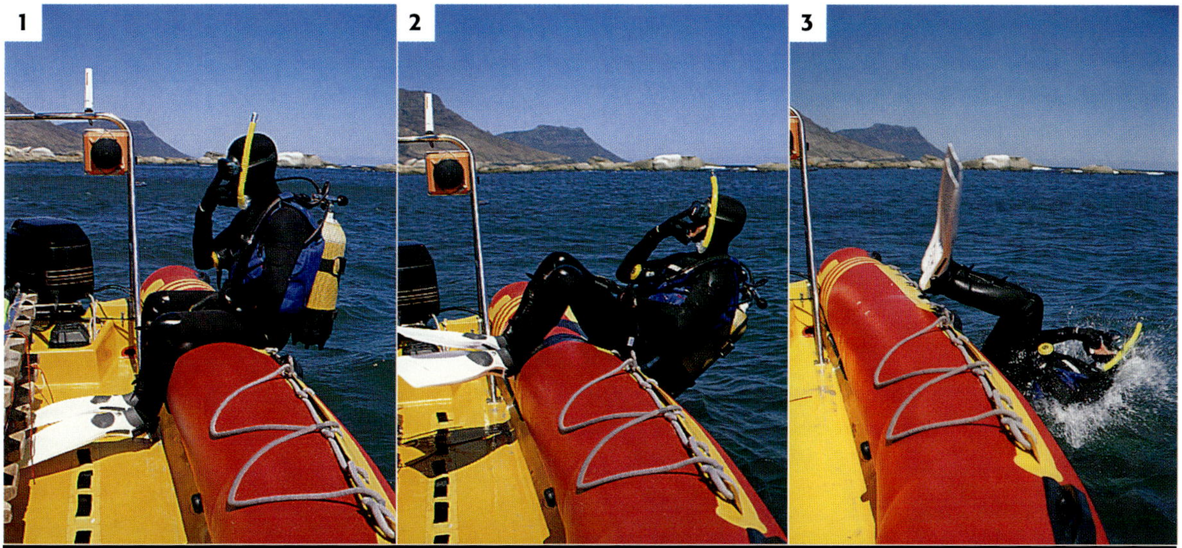

1 *Maske und zweite Stufe festhalten und den Bauchgurt des Jackets nach unten drücken.*

2 *Darauf achten, dass die Flossen sich nicht am Boot verfangen können, dann rückwärts ins Wasser rollen.*

3 *Maske, zweite Stufe und Jacketgurt festhalten, bis man wieder an die Oberfläche kommt.*

Mundstück der zweiten Stufe aus dem Mund und schlüpfen Sie mit dem freien Arm aus dem Jacket. Dann können Jacket, Atemregler und Flasche von jemandem an Bord ins Boot gehoben oder an Leinen am Boot befestigt werden, sodass man sie anschließend hereinholen kann. Lassen Sie Flossen und Maske solange an.

Fassen Sie dann den Bootsrand oder ein Seil, ziehen Sie sich mit den Armen hoch und schlagen Sie gleichzeitig mit den Flossen. Auf diese Weise katapultieren Sie sich so weit aus dem Wasser, dass Sie sich ins Boot ziehen können.

An Bord nehmen Sie Maske und Flossen ab, sammeln und reinigen Ihre Ausrüstung und machen Platz, damit auch die anderen Taucher ins Boot kommen können.

Jetzt, wo die Ausrüstung aller im Boot herumliegt, behält man die Maske am besten um den Hals, damit sie nicht kaputtgeht.

Rechts: Den Bleigürtel, wenn er nicht integriert ist, abnehmen und ins Boot reichen; aufpassen, dass er nicht ins Wasser fällt.

Navigation auf See

Beim Tauchen vom Ufer aus ist es meistens einfach, ein Tauchgebiet zu lokalisieren, weil es im Allgemeinen einen direkten Bezug zum Einstiegspunkt gibt. Ein Gebiet im offenen Meer zu bestimmen, ist jedoch nicht so leicht.

Globale Positionierungssysteme (GPS) sind inzwischen zwar erschwinglich, aber wenn das Tauchgebiet in Sichtweite der Küste liegt, verlassen sich die meisten Taucher immer noch auf Landmarken. Dazu nimmt man mehrere Kompasspeilungen mit zwei oder mehr Sichtlinien vor, wobei auf jeder Sichtlinie markante, feste Landmarken liegen, also Leuchttürme, hohe Gebäude oder natürliche Merkmale.

Wo sich diese Sichtlinien schneiden, liegt das gesuchte Gebiet. Je größer der Winkel zwischen den einzelnen Peilungen ist, desto genauer wird das Ergebnis.

Globales Positionierungssystem (GPS)

Die moderne Art, ein Tauchgebiet zu lokalisieren, das über Wasser keine besonderen Merkmale aufweist, bietet ein globales Positionierungssystem (GPS). Ein GPS ist vielleicht nicht genau genug, ein kleines Schiffswrack zu orten, kann die Taucher aber doch so nah heranführen, dass sie das Gebiet mit einem Echolot orten können (ein Gerät, das die Wassertiefe anzeigt, indem es hochfrequente Schallwellen aussendet und die Zeit misst, die sie für den Weg zurück zum Sender brauchen).

- 24 NAVSTAR-Satelliten umrunden die Erde und übermitteln ihre genaue Position und Zeit. Die GPS-Empfänger müssen Sichtverbindung zu mindestens drei dieser Satelliten haben, um einen Punkt bestimmen zu können. (Bestimmungen über vier Satelliten sind vorzuziehen, weil sie eine größere Fläche erfassen und nicht in einem einzigen Punkt konvergieren.) Ein privater GPS-Empfänger kann die eigene Länge und Breite bis auf ± 30 m berechnen.
- Man sollte immer daran denken, dass elektronische oder batteriebetriebene Geräte ausfallen können oder dass Bedienungsfehler unterlaufen. Wer sich in abgelegenen Gebieten auf ein GPS verlässt, muss auch mit herkömmlichen Mitteln navigieren können.

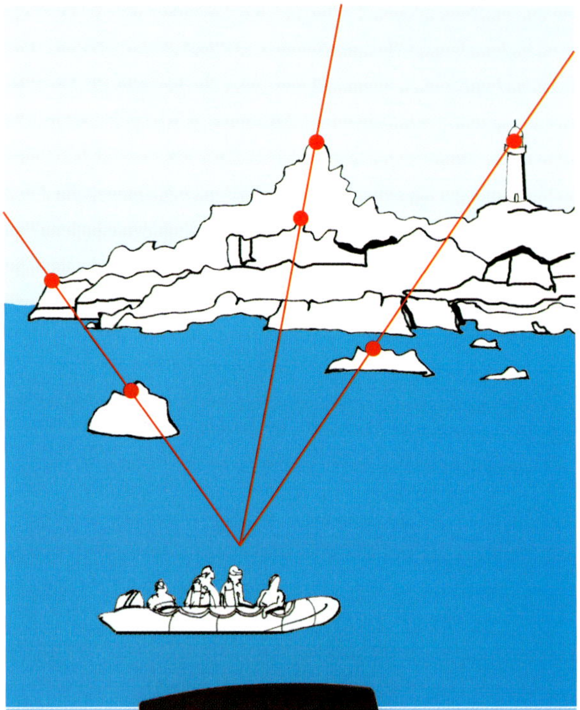

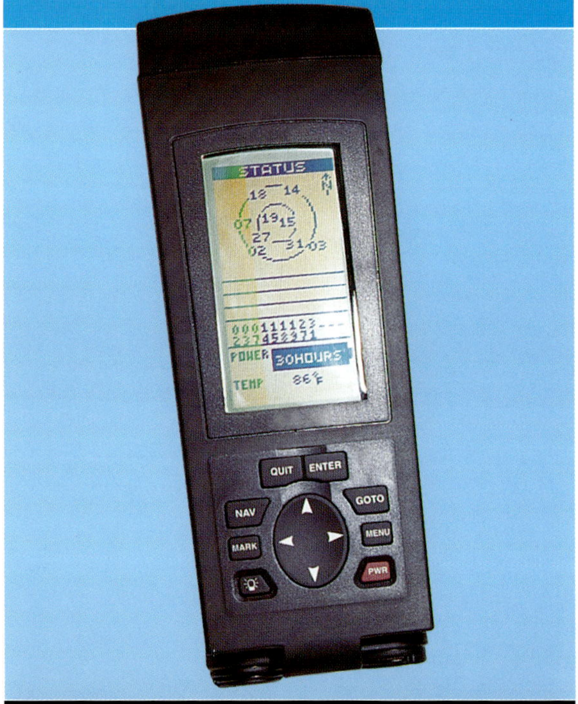

Ganz oben: Das Tauchgebiet liegt dort, wo sich die Sichtlinien der angepeilten Festpunkte an Land schneiden, wie auf der Abbildung.
Oben: GPS-Empfänger haben die Ortung von Tauchgebieten, die von Land aus nicht zu sehen sind, revolutioniert.

Besprechungen vor dem Tauchgang sind wichtige Informationsquellen.

Tauchplanung

Plane das Tauchen und tauche nach Plan

Jeder Tauchgang sollte geplant werden. Der Tauchlehrer erklärt bei der Vorbesprechung, wie lange getaucht wird, wie es mit Wetter und Strömungen steht, was man beim Tauchen voraussichtlich sehen wird, wie tief getaucht und wann wieder aufgestiegen wird.

Man muss jedoch berücksichtigen, wie fit und gesund man sich fühlt, wie viel Luft man normalerweise verbraucht, wie tief und wie oft man in letzter Zeit getaucht ist und wie lang die Pause vor dem jetzigen Tauchgang war. Man sollte auch an die nächsten Tauchgänge denken. Der erste Tauchgang am Tag sollte immer der tiefste, jeder weitere am selben Tag sollte weniger tief als der vorangegangene sein.

Tauchplaner und Dekotabellen

Da der Körper Zeit braucht, Stickstoff aufzunehmen und abzugeben, kann man tauchen und wieder auftauchen, bevor er so viel Stickstoff aufnimmt, dass es Probleme gibt. Wenn man aufgetaucht ist, scheidet der Körper weiter überschüssigen Stickstoff aus.

Unternimmt der Taucher aber zu bald einen zweiten Tauchgang, befindet sich zu Beginn dieses Tauchgangs noch zu viel Stickstoff im Körpergewebe. Man kennt inzwischen für jede Tiefe sichere Zeitlimits (Nullzeiten), die die Gefahr einer Caissonkrankheit minimieren. Sie gehen davon aus, dass der Taucher direkt und in vernünftigem Tempo auftaucht (rechteckiges Tauchprofil), denn das Auftauchen ist selbst eine Form der Dekompression.

Diese Erkenntnisse liegen den Tauchplanern und Dekotabellen zugrunde, anhand derer jede Tauchschule die Nullzeiten für ihre Schüler berechnet, also dass der Taucher den Tauchgang jederzeit beenden kann, ohne gesundheitliche Schäden befürchten zu müssen. Werden diese Zeiten überschritten, geben die Dekotabellen für die jeweilige Tiefe an, wie lange die

Wussten Sie?

Weil ein erhitzter Taucher eine schnellere Blutzirkulation und damit einen gesteigerten Stickstoffaustausch zwischen Blut und Geweben hat, erhöht das Tauchen in warmen Gewässern das Caissonkrankheitsrisiko.

Dekostopps beim Aufstieg sein müssen, damit genug Stickstoff ausgeschieden werden kann. Alle Tauchplaner und Dekotabellen nennen die maximale Geschwindigkeit für das Ab- und Auftauchen sowie die kürzeste Oberflächenpause, die für das Ausscheiden des Stickstoffs erforderlich ist, bevor man erneut taucht. Sie ermöglichen auch, zu berechnen, wie sich die Oberflächenpause auf den nächsten Tauchgang auswirkt, und zwar anhand des geschätzten Reststickstoffs im Körpergewebe.

Alle großen Tauchorganisationen haben eigene Tauchplaner und Dekotabellen auf Plastikkarten, die auch unter Wasser zu benutzen sind. Beide haben im Grunde die gleiche Aufgabe, sind aber keine Garantie gegen die Caissonkrankheit, da jeder Taucher anders ist. Tauchplaner und Dekotabellen setzen voraus, dass der Taucher die Tauchzeit, die maximal erreichte Tiefe, die aktuelle Tiefe und die bei jedem Dekostopp verbrachte Zeit feststellen kann.

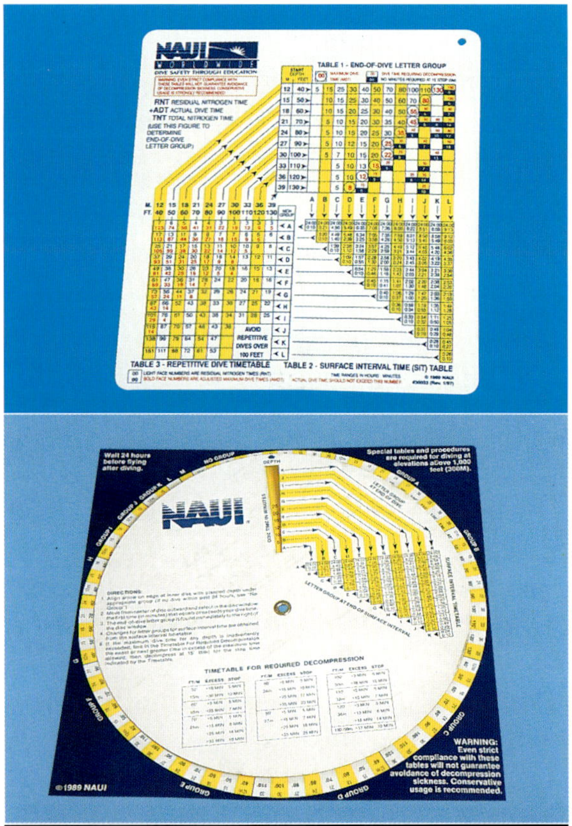

Ganz oben: Jeder Tauchverband hat seine eigenen Tauchtabellen entwickelt, wie diese von NAUI. Sporttaucher sollten immer die Tabellen benutzen, mit denen sie gelernt haben.
Oben: Eine Rechenscheibe zur einfachen Berechnung der Nullzeit.

Sind nach dem Auftauchen weitere Tauchgänge für denselben Tag oder in den nächsten 36 Stunden geplant, muss der Taucher nicht nur die Oberflächenpause festhalten, sondern mit Hilfe von Tauchplaner oder Dekotabelle auch einen Austauchcode erstellen, der abschätzt, wie viel überschüssiger Stickstoff noch im Körper ist. Kombiniert der Taucher diesen mit der Oberflächenpause, kann er sich mit der Tabelle den nächsten Tauchgang zusammenstellen. Fallen Zeiten oder Tiefen zwischen zwei Tabellenwerte, halte man sich an die größere angegebene Zahl.

Es gibt auch Spezialtabellen für das Tauchen in Höhenlagen und das Tauchen mit Enriched Air Nitrox (EAN).

Wiederholungstauchgange

Bei Pausen an Land von mehr als 36 Stunden können Taucher davon ausgehen, dass kein überschüssiger Stickstoff mehr im Körper ist, sodass sie den nächsten Tauchgang so angehen können, als ob es der erste wäre. Weitere Tauchgänge binnen 16 Stunden gelten jedoch als Wiederholungstauchgang. In dem Fall können Tiefen und Maximalzeiten mit Hilfe der Tauchplaner oder Dekotabellen berechnet werden, jeder nachfolgende Tauchgang darf jedoch nicht mehr so tief gehen wie der vorangegangene.

Moderne Tauchplaner und Dekotabellen für Sporttaucher lassen mehrere Tauchgänge pro Tag zu, die Tabellen der britischen und amerikanischen Marine nur zwei in 24 Stunden.

Wer über mehrere Tage wiederholt Tauchgänge unternimmt, sollte nach vier Tagen einen Tag aussetzen, damit der Stickstoff im Körper restlos ausgeschieden werden kann.

Dekompressionstauchgange

Sporttaucher sollten keine Dekompressionstauchgänge unternehmen, und die meisten amerikanischen

Dekotabellen sehen sie auch gar nicht vor, die europäischen allerdings wohl. Es kann jedoch vorkommen, dass ein Taucher aus irgendeinem Grund die Nullzeit überschreitet. Dann muss er beim Aufstieg ausreichende Dekostopps einlegen, damit der überschüssige Stickstoff aus dem Körpergewebe entweichen kann.

Die Verbände empfehlen für diese Stopps unterschiedliche Tiefen und Zeiten. Ist ein Taucher nicht zu tief und zu lange getaucht, ist nur ein Stopp nötig, meist in 3 bis 6 m Tiefe. War der Taucher dagegen ziemlich tief oder hat er die Nullzeit deutlich überschritten, muss er weitere Stopps in größerer Tiefe und einen längeren zwischen 3 und 6 m einlegen. Wenn die Dünung den Taucher hebt und senkt, ist ein Stopp in etwas größerer Tiefe oft leichter durchzuführen.

Wer noch einen letzten Tauchgang spät am Tag plant (etwa einen Nachttauchgang), sollte nicht tiefer als 6 m tauchen, da der Stickstoffgehalt dann offenbar nicht ansteigt.

Einen Tauchgang beenden

Jeder Tauchgang, ob mit oder ohne Dekostopp, sollte mit einem 5-minütigen Sicherheitsstopp in 3 bis 6 m Tiefe beendet werden. Wenn es bei rauer See schwer ist, diese Tiefe beim Stopp einzuhalten, sollte man auf 5 m gehen, da dann etwas Spiel besteht, falls man durch die Dünung angehoben wird.

Höhe und Fliegen nach dem Tauchen

Die meisten Dekotabellen gehen von einem Auftauchen zum Luftdruck auf Meereshöhe aus. Taucht man in Höhenlagen, etwa in einem Binnensee, braucht man spezielle Tabellen oder Computer.

Wenn man fliegt, bevor der Körper genug Zeit hatte, den überschüssigen Stickstoff größtenteils auszuscheiden, kann der geringere Luftdruck im Flugzeug dazu führen, dass sich große Blasen bilden. Mediziner raten, nach einem Tauchgang ohne Dekostopp mindestens 24 Stunden bis zum Flug zu warten, nach einem Tauchgang mit Dekostopps mindestens 48 Stunden.

Taucher beenden einen Tauchgang mit einem 5-minütigen Sicherheitsstopp.

Tauchcomputer

Tauchcomputer ersparen einem die Zeit, mit Tauchplanern oder Dekotabellen die Tauchzeiten selbst berechnen zu müssen. Besonders hilfreich sind sie, wenn man ein geeignetes Profil für den nächsten Tauchgang sucht, öfter als zweimal am Tag oder mit Gasgemisch taucht. Einige Tauchcomputer erkennen automatisch den Salzgehalt des Wassers, andere sind auf Salz- oder Süßwasser eingestellt.

Viele Hersteller bieten außerdem die Informationen der herkömmlichen sonstigen Tauchinstrumente, mit Ausnahme des Kompasses. Einige Tauchcomputer sind luftintegriert, also mit einem Hochdruckschlauch oder durch einen schlauchlosen Transducer mit dem Hochdruckabgang der ersten Stufe verbunden, was ermöglicht, die Luftreserve bei der gegenwärtigen Tiefe und dem aktuellen Verbrauch zu schätzen. Tauchcomputer messen die Zeit und Tiefe und vergleichen sie mit Dekotabellen oder »Gewebemodellen« für die Geschwindigkeit, mit der Stickstoff vom Körpergewebe aufgenommen oder abgegeben wird, um die entsprechenden Dekozeiten zu berechnen.

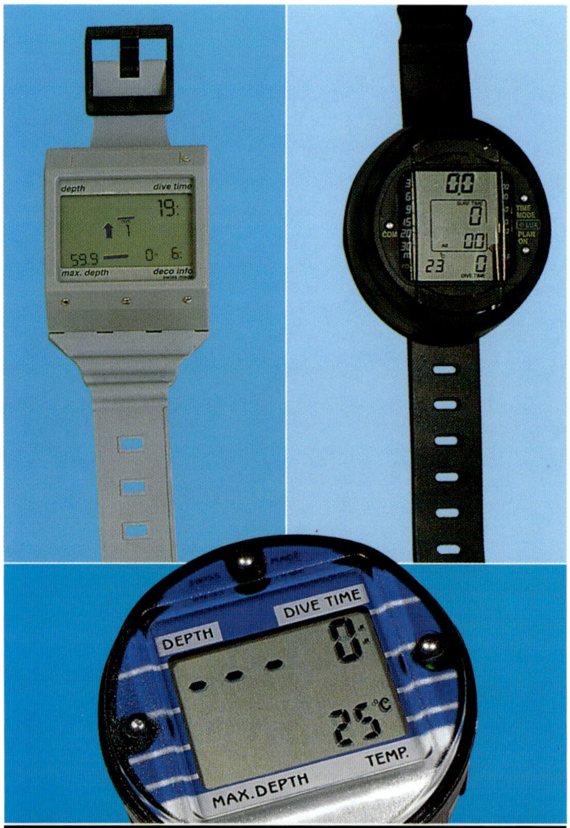

Oben links: Ein luftintegrierter Tauchcomputer mit Kompass. Oben rechts und oben: Diese beliebten Tauchcomputer für das Tauchen mit Druckluft zeigen unter anderem die aktuelle Tauchtiefe, die verstrichene Tauchzeit und die Wassertemperatur an.

Tipps für das Tauchen mit Computer

Kaufen Sie sich einen Computer mit einem Display, das groß und unter Wasser gut ablesbar, sowie selbst mit leichter Stickstoffnarkose oder unter Stress verständlich ist, denn dann hat man keine Zeit, dubiose Zahlen oder Zeichen zu entziffern.

Geben Sie nicht viel Geld für eine Displayabdeckung aus. Eine durchsichtige, selbsthaftende Folie ist fest, wasserdicht und einfach zu entfernen.

Ein Tauchcomputer, der in 1 m Tiefe automatisch startet, verhindert, dass man vergisst, ihn anzustellen. Nehmen Sie einen Computer mit akustischer Warnung bei Nichtbeachtung der Tauchregeln. Wenn Sie den Computer am Handgelenk tragen, nicht mit den Armen fuchteln, da er sonst Alarm schlägt, weil er ein zu schnelles Auftauchen vermutet.

Da UW-Fotografen meistens vollauf mit ihrer Fotoausrüstung beschäftigt sind, ist ein in die Instrumentenkonsole eingebauter Computer für sie unhandlich, und sie bevorzugen deshalb ein Gerät am Handgelenk. Bei Dämmerlicht, in Wracks, nachts und in Höhlen ist eine Beleuchtung ratsam.

Die Gerätehersteller verwenden unterschiedliche Algorithmen; wenn also der Computer Ihres Partners andere Zeiten angibt, richten Sie sich nach den Angaben Ihres Computers. Der Computer berücksichtigt die gesamte Stickstoffaufnahme mehrerer Tauchgänge, die aber vielleicht nicht alle mit demselben Partner gemacht wurden.

Gehen Sie nicht bis an die Limits und bedenken Sie, dass das Risiko einer Caissonkrankheit mit schlechtem Kreislauf, Anstrengung, Dehydradation, Erkältung, Medikamenten (einschließlich Alkohol und Koffein) und schlechter körperlicher Kondition steigt.

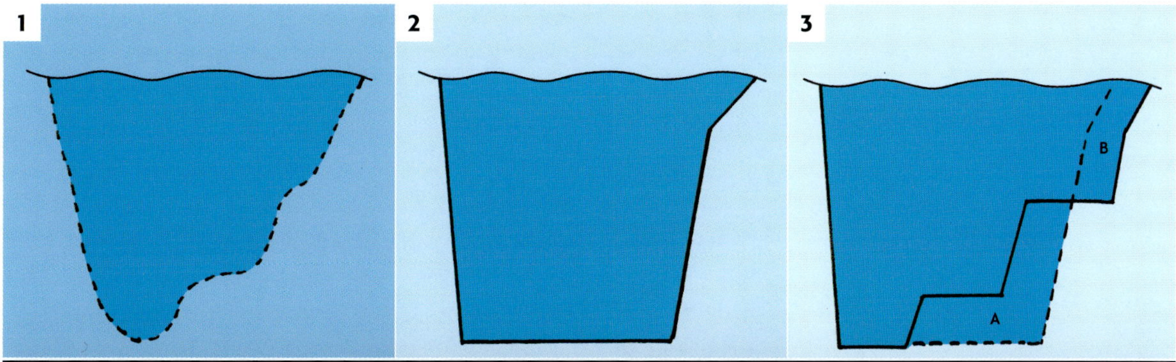

1 Gängiges Profil eines Tauchgangs.
2 In Dekotabellen hätte dieser Tauchgang ein rechteckiges Profil, d.h. der Tauchgang wird so gesehen, als ob die gesamte Grundzeit in der Maximaltiefe verbracht würde. Das verringert entweder die insgesamt mögliche Tauchzeit oder sieht mehr Zeit für die Dekompression vor als tatsächlich notwendig ist.
3 Die Abbildung zeigt, wie ein moderner Tauchcomputer diesen Tauchgang behandelt. Sobald man in eine geringere Tiefe auftaucht, nimmt man Stickstoff nicht mehr im gleichen Tempo wie bei maximaler Tiefe auf. Der Bereich A gibt die Stickstoffaufnahme bei einem rechteckigen Tauchprofil wie in Abbildung 2 an. Bereich B gibt die zusätzliche Tauchzeit an, die in geringerer Tiefe zur Verfügung steht, weil in der Maximaltiefe in Wirklichkeit weniger Stickstoff aufgenommen wurde.

Aber auch Tauchcomputer sind nicht unfehlbar, denn sie stützen sich auf mathematische Algorithmen, die auf Forschungswerten junger gesunder Menschen beruhen. Einige Tauchcomputer berücksichtigen kaltes Wasser oder überdurchschnittliche körperliche Betätigung, aber weder Übergewicht, noch mangelnde Fitness oder Alter über 50. Andere liefern keine Informationen mehr, sobald man dekomprimiert (um sie macht man besser einen Bogen, denn sie werden dann unbrauchbar, wenn man sie am dringendsten braucht, etwa wenn man einen Fehler gemacht hat!).

Voll funktionsfähige Dekostopp-Tauchcomputer liefern Informationen über Tiefen und Dekozeiten, die notwendig sind, wenn man die Nullzeit überschritten hat.

Häufig fallen die Batterien aus. Man sollte also entweder zwei Tauchcomputer bei sich haben oder einen Computer und Dekotabellen, eine Uhr und einen Tiefenmesser zur Absicherung. (In Gegenden, wo es keinen Ersatz gibt, ist man mit Batterien eventuell schnell aufgeschmissen; der Computer kann sich in feuchtem Klima von selbst anstellen, oder die Batterien entladen sich bei Hitze schneller. Man sollte sich ein Gerät kaufen, dessen Batterien man selbst austauschen kann, und Ersatzbatterien mitnehmen.)

Mit den meisten Tauchcomputern kann man die Daten der letzten Tauchgänge noch einmal aufrufen, einige können sogar über eine Schnittstelle an einen Personalcomputer angeschlossen werden. Man kann so frühere Tauchprofile auf Diskette abspeichern und sich eine Art Logbuch zulegen. Im Fall einer Caissonkrankheit können diese Informationen für den Arzt sehr wertvoll sein. Einige Funktionen des Tauchcomputers lassen sich auch manuell ändern.

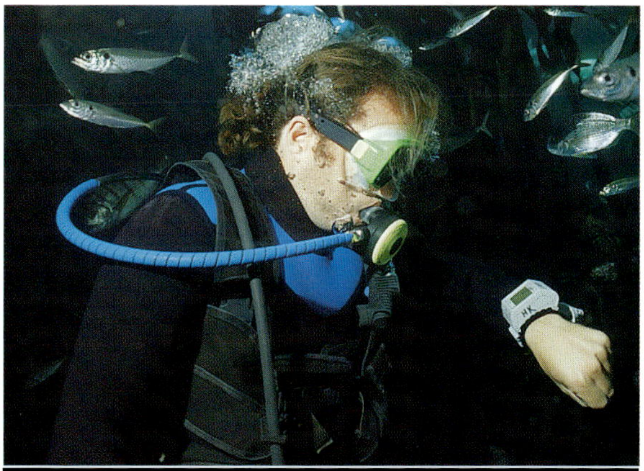

Mit einem Tauchcomputer kann ein Taucher bei einem Tauchgang die Nullzeit überprüfen.

Sicherheit und Rettungstechniken

Bei richtiger Ausbildung ist Sporttauchen ein sicherer Sport. Es gibt viele physiologische Aspekte, die einen Taucher betreffen können und im Kapitel Tauchen und der Körper (S. 22) behandelt werden. Hier geht es um Unfälle, die jedem überall zustoßen können, auch wenn sie beim Tauchen vielleicht schwieriger zu handhaben sind. Jeder Taucher sollte im Rahmen seiner Ausbildung einen Erste-Hilfe-Kurs absolvieren.

Oben: Bei einem Notaufstieg müssen Taucher mit Trockentauchanzug den Arm hoch halten, an dem das Ablassventil sitzt, um Luft abzulassen. Rechts: Das Erkunden von Wracks, wie diesen B17-Bomber, ist einer der Reize beim Tauchen, vorausgesetzt man beachtet die Vorsichtsmaßregeln.

Wichtige Rettungstechniken

Mit einem bewusstlosen Taucher kann man oft besser umgehen, da er nicht um sich schlagen kann. Ein Taucher bei Bewusstsein kann in seiner Panik den Retter in Gefahr bringen, sodass am Ende eventuell zwei Opfer zu beklagen sind. Beobachten Sie den in Not Geratenen in einem solchen Fall aus sicherer Entfernung, bis er sich entweder beruhigt oder so verausgabt, dass er keine Gefahr mehr darstellt.

Der Retter sollte das Opfer von vorn angehen, um raschen Zugriff zu den Füll- und Entleerventilen beider Jackets, zum Bleigürtel und eventuell den Füll- und Entleerventilen des Tauchanzugs zu bekommen.

Fassen Sie das Opfer so, dass positiver Kontakt aufrechterhalten werden kann. Das Jacket des Opfers (bzw. sein Tauchanzug) sollte mehr Auftrieb haben als das des Retters, damit Ersteres nach oben steigt, falls der Kontakt verloren geht. (Besser, der Verunglückte steigt unkontrolliert auf, als überhaupt nicht.) Zum Aufblasen des Jackets des Opfers eignet sich die Direktzufuhr besser, da der Umgang mit der kleinen Notflasche beide Hände erfordert.

Partnercheck

Wenn man sich gegenseitig im Auge behält, fällt einem ungewöhnliches Verhalten beim Partner schnell auf. Darauf sollte man achten:

- Anstrengung durch Schwimmen gegen die Strömung
- Nervosität
- Schnelles Atmen
- Handzeichen, die auf Atemprobleme hinweisen
- Fahrige, unkoordinierte Bewegungen (Krämpfe)
- Probleme mit der Auftriebskontrolle
- Keine Reaktion auf Handzeichen
- Weit aufgerissene Augen
- Heftiges Wasser treten
- Inaktivität

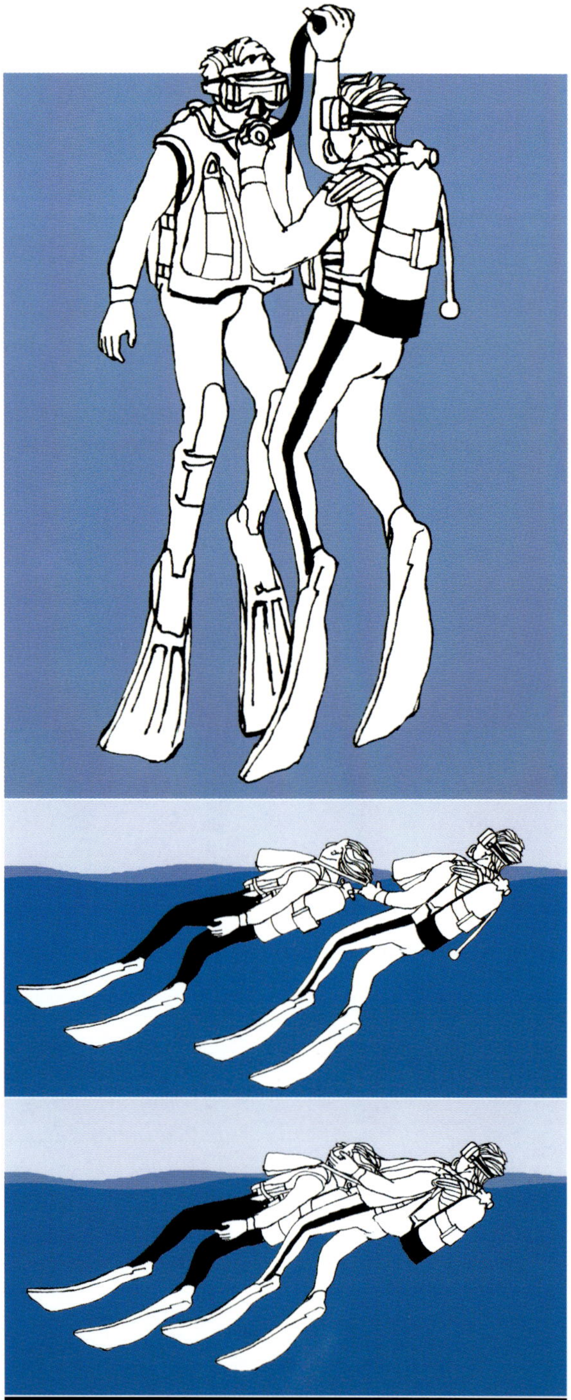

Oben: Luft durch den Inflatorschlauch aus dem Jacket des Opfers ablassen.
Mitte: Ein Opfer bei Bewusstsein kann an einem geeigneten Teil der Ausrüstung gepackt und abgeschleppt werden, einem bewusstlosen Opfer (unten) muss beim Abschleppen der Nacken überstreckt werden, wozu man beide Hände braucht.

Achten Sie darauf, dass Sie nicht schneller aufsteigen als die kleinsten Blasen. Wenn der Aufstieg zu schnell wird, müssen Sie aus Ihrem Jacket/Trockentauchanzug und dem des Verunfallten etwas Luft ablassen. Wenn Sie beide einen Trockentauchanzug mit Ablassventilen am Handgelenk tragen, müssen Sie den Arm mit dem Ventil hoch halten.

Sie müssen auf alle Fälle versuchen, dass Sie die Luft aus dem Trockentauchanzug des Verunglückten bekommen, geht es nicht über eines der Ventile, fahren Sie mit dem Finger unter eine Armmanschette, sodass die Luft entweichen kann.

Sie können durch die Ablassventile Luft aus beiden Jackets ablassen, aber vielleicht ist es einfacher, das Jacket des Opfers über den geriffelten Inflatorschlauch zu entleeren, indem Sie den Schlauch hoch halten und den Entleerknopf drücken. Vielleicht ist im Jacket/Anzug des Opfers nicht mehr genug Luft für den Auftrieb. Versuchen Sie in dem Fall, Ihr eigenes Jacket aufzublasen; falls das nicht hilft, lösen Sie den Bleigürtel des Opfers und versuchen es noch einmal.

Achten Sie beim Aufstieg darauf, auszuatmen und drücken Sie dem Verunglückten auf den Bauch, damit auch er ausatmet. Blasen Sie das Jacket des Verunglückten nach dem Auftauchen so weit auf, dass er Auftrieb hat, aber nicht so stark, dass Sie eventuell keine Mund-zu-Mund-Beatmung mehr vornehmen können (S. 78). Blasen Sie keinen Trockentauchanzug auf, wenn Sie erschöpft sind.

Wenn der Verunglückte abgeschleppt werden muss, sollten er und der Retter in Rückenlage sein. Ist ein Opfer bei Bewusstsein, sollte es von hinten abgeschleppt werden, wobei der Retter den zu Rettenden an einer geeigneten Stelle fassen sollte, etwa am Schultergurt.

Bei einem Bewusstlosen müssen die Atemwege frei sein, man sollte ihn zum Abschleppen deshalb an der Kinnspitze fassen, um den Kopf nach hinten zu ziehen. Bei rauer See muss man zudem die andere Hand stützend unter den Nacken legen.

Ist jemand über eine große Strecke abzuschleppen, sollte man dessen Bleigürtel und Flasche abwerfen, den eigenen Gürtel jedoch anbehalten, da man so besser mit den Flossen arbeiten kann.

Oberstes Gebot ist:

- Leben zu bewahren
- Eine Verschlechterung des Zustands zu vermeiden
- Eine Erholung zu fördern.

Bei einem Unfall sollten wir das unbedingt Notwendige zum Erreichen dieser Ziele tun und den Patienten in ärztliche Behandlung bringen.

Als Erstes sind zu prüfen:
- Bewusstseinslage
- Atemwege und Atmung
- Kreislauf und Puls
- Befreien von der Ausrüstung

Zunächst müssen Retter sich und den Geretteten in Sicherheit bringen, aber dabei darauf achten, dass das Opfer nicht weiter geschädigt wird. (Wenn der Verunglückte z. B. nicht atmet, muss man eventuell noch im Wasser eine Atemspende geben.)

Atemwege

Ist der Hals verletzt, Mund oder Nase verlegt? Gurgelnde Geräusche beim Atmen können ein Hinweis auf verlegte Atemwege sein.

Atmung

Hebt und senkt sich der Brustkorb? Auf Atemzüge an Nase und Mund horchen. Spürt man Atemluft an der eigenen Hand oder Wange?

Kreislauf

Kann man den Puls an der Luftröhre (Halsschlagader) fühlen?

Vermindertes Bewusstsein

Reagiert der Patient auf eine der folgenden Arten:

- Ist der Patient wach, bei Bewusstsein und in der Lage zu sprechen?
- Verbale Reize – reagiert der Patient auf »Wach auf«?
- Schmerzhafte Reize – reagiert der Patient auf Schläge, Kneifen oder Nadelstiche?
- Ist der Patient nicht ansprechbar?

Freimachen

Ist dem Verunglückten zu heiß oder zu kalt? Ihn mit einer Decke oder warmer Kleidung versehen oder für Schatten sorgen. Die bei einer angemessenen Behandlung hinderlichen Kleidungsstücke ausziehen, ohne die Würde des Verunglückten zu verletzen.

Wenn Sie den Zustand des Patienten für ernst halten, schicken oder telefonieren Sie nach Hilfe (Krankenwagen, Notfallarzt o.ä.). Wenn Sie jemanden schicken, der Hilfe holen soll, muss der Betreffende zurückkommen und bestätigen, dass Hilfe unterwegs ist.

Seitenlagerung

Wenn das Opfer atmet, aber bewusstlos ist, ist die Seitenlagerung eine stabile Position, die freie Atemwege garantiert, sodass der Verunglückte nicht ersticken kann. Der Verunglückte sollte niemals allein gelassen und ständig überwacht werden, damit man Zustandsveränderungen registrieren kann.

In der stabilen Seitenlagerung hat das Opfer immer freie Atemwege, kann nicht auf den Rücken rollen und Erbrochenes kann ablaufen.

Atemspende

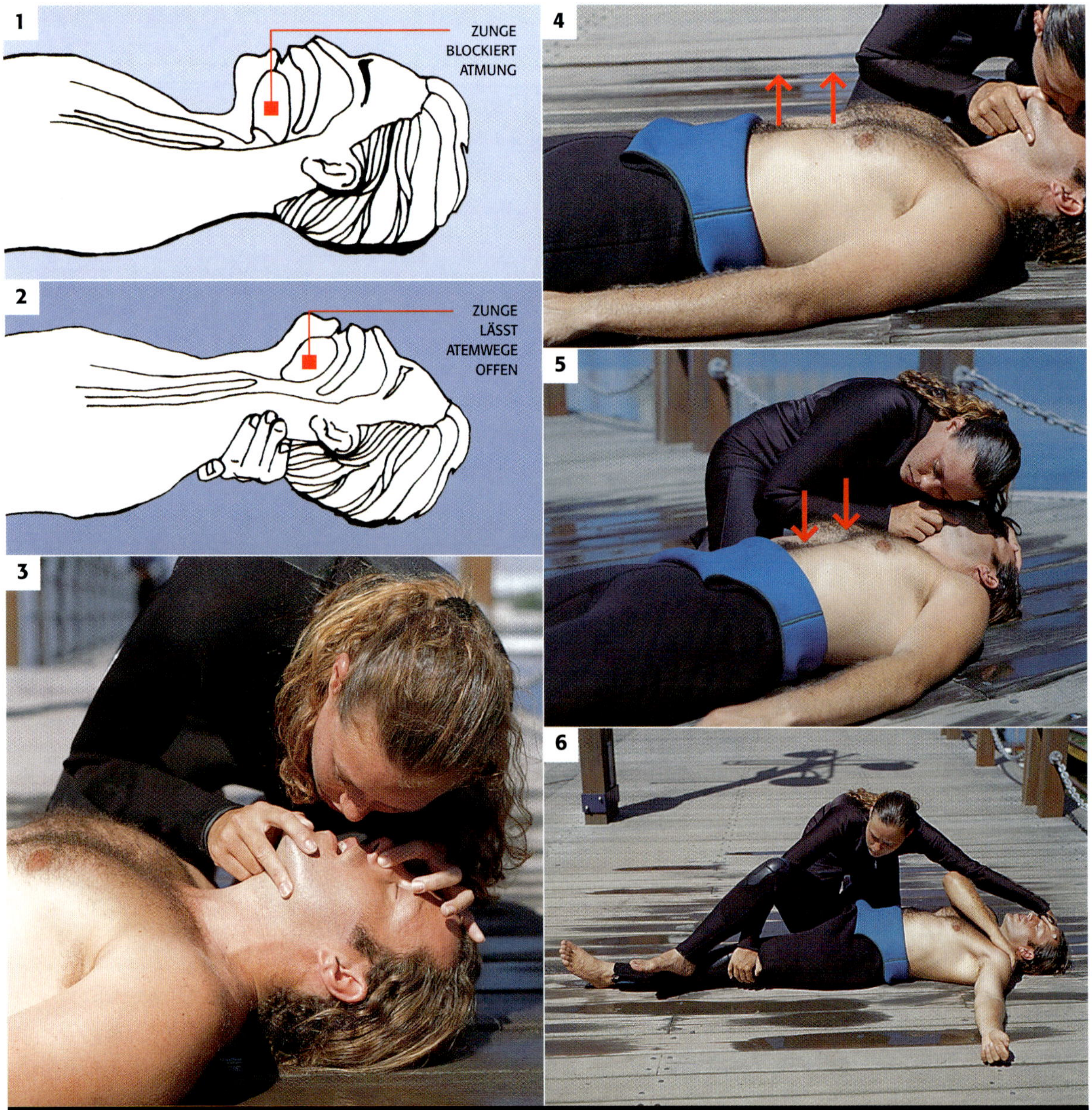

Die Schritte bei der Atemspende sind einfach; ihre Beherrschung kann Leben retten.

1 *Die Zunge kann bei normaler Rückenlage des Opfers die Atemwege blockieren.*

2 *Die Atemwege durch Anheben des Nackens frei machen.*

3 *Den Kopf des Opfers nackenwärts überstrecken und sich vergewissern, dass Mund oder Atemwege nicht blockiert sind, dann die Nase des Opfers zuhalten, den eigenen Mund auf den des Opfers pressen und ausatmen. (Oder den Mund des Opfers mit der Hand verschließen, den eigenen Mund auf seine Nase pressen und ausatmen.)*

4–5 *Die Brust des Opfers hebt sich, wenn man in sie ausatmet. Innehalten, Luft holen und prüfen, ob sich die Brust des Opfers senkt.*

6 *Um das Opfer in die Seitenlagerung zu bringen, Arm und Bein, die einem am nächsten sind, über den Körper legen, den Kopf stützen und das Opfer mit dem anderen Arm von sich weg rollen.*

Atemspende an der Oberfläche

Ist der Weg zum Ufer zu weit, muss man eventuell an der Oberfläche Atem spenden, also noch im Wasser.

Dazu bläst man das Jacket des Patienten leicht auf und entfernt die Maske. Mit einer Hand greift man seine Kinnspitze und drückt dabei mit dem eigenen Unterarm gegen die Schulter (vgl. Abbildung unten). Der Hals kann dann überstreckt werden, um den Atemweg frei zu machen. Wichtig ist, dass man gegen die Kinnspitze drückt, nicht auf den Kehlkopf oder die Luftröhre des Opfers.

Die Atemspende im Wasser erfolgt wegen der besseren Abdichtung von Mund zu Nase. Legen Sie die freie Hand unter die Ihnen abgewandte Schulter des Opfers und drücken nach oben, damit der Körper sich zu Ihnen hin dreht und Sie die Nase mit dem Mund besser erreichen können. Lassen Sie dabei den Arm, der den Hals des Opfers streckt, mitgehen und winkeln Sie ihn vor Ihrer Brust an.

Halten Sie den Mund des Opfers zu, pressen Sie Ihren Mund fest auf die Nasenöffnung und atmen Sie aus, um die Lunge zu blähen. Lassen Sie den Verunglückten nach erfolgter Beatmung sich zurück in die schwimmende Normallage drehen. Das ist für den Helfer sehr anstrengend, aber versuchen Sie, den Verunglückten viermal zu beatmen, bevor Sie pausieren.

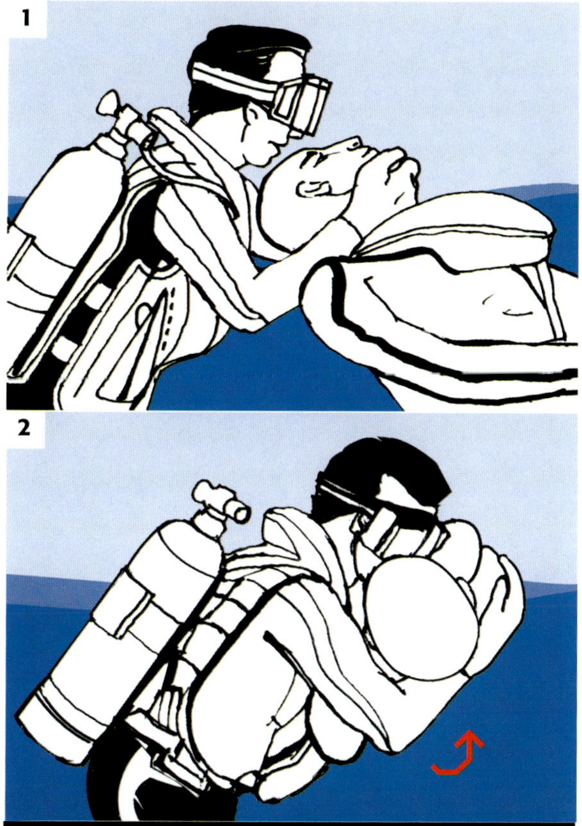

Wenn man noch im Wasser die Atemspende geben muss:
1 Das Kinn des Opfers fassen und mit dem Ellbogen gegen die Schulter nach hinten ziehen, um den Nacken zu überstrecken.
2 Den Arm unter das Opfer schieben und es zu sich herrollen, damit man Nase und Mund erreichen kann.

Herz-Lungen-Wiederbelebung (HLW)

Es ist sinnlos, eine Atemspende fortzusetzen, wenn das Herz des Patienten nicht schlägt, weil das mit Sauerstoff angereicherte Blut nicht durch den Körper gepumpt wird. Prüfen Sie, ob das Herz schlägt, indem Sie den Puls an der Halsschlagader fühlen.

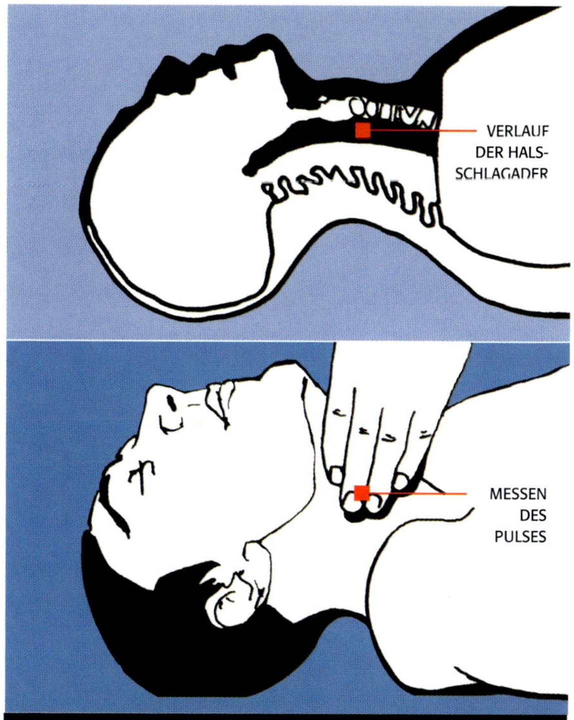

Den Puls fühlt man am besten am Hals in der Vertiefung zwischen Kehlkopf und dem benachbarten Muskel.

Wenn Sie keinen Puls fühlen können, ist die Herz-Lungen-Wiederbelebung erforderlich. Dabei wird das Herz des Patienten zwischen Brustbein und Rückgrat zusammengedrückt, sodass das Blut zirkulieren muss. Bei der Druckentlastung dehnt sich das Herz wieder aus und zieht Blut an, das bei der nächsten Kompression wieder ausgetrieben wird. Den Patienten für die Herz-Lungen-Wiederbelebung mit dem Rücken auf eine harte Unterlage legen und seitlich von ihm knien. Den Druckpunkt aufsuchen – zwei Fingerbreit oberhalb des Punktes, wo die Rippen am unteren Ende des Brustbeins zusammenlaufen. Den linken Handballen auf den Druckpunkt legen, den rechten zur Unterstützung darüber. Die Ellbogen strecken, sich stoßweise nach vorn bewegen und das Brustbein 5 cm eindrücken. Rhythmisch drücken und dabei zählen: »eins, zwei, drei« usw.

Mit der Beatmung beginnen, dann 15 Kompressionen vornehmen (Tempo: 80 Kompressionen pro Minute), danach zwei Atemspenden geben und den Puls prüfen. Diese Prozedur mehrere Male wiederholen. Wenn das Herz zu schlagen beginnt, muss die Herz-Lungen-Wiederbelebung unbedingt eingestellt werden.

Man sollte immer daran denken: man kann das Atmen zwar durch Atemspenden unterstützen, darf aber NIEMALS Herz-Lungen-Wiederbelebung vornehmen, wenn das Herz schlägt, egal wie schwach, weil der Herzrhythmus leicht gestört wird.

1
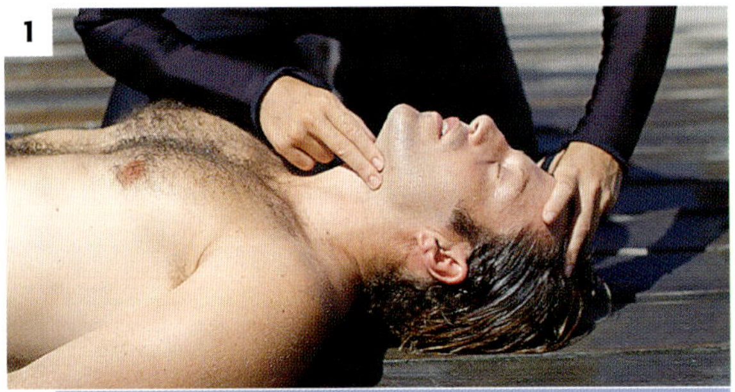
2
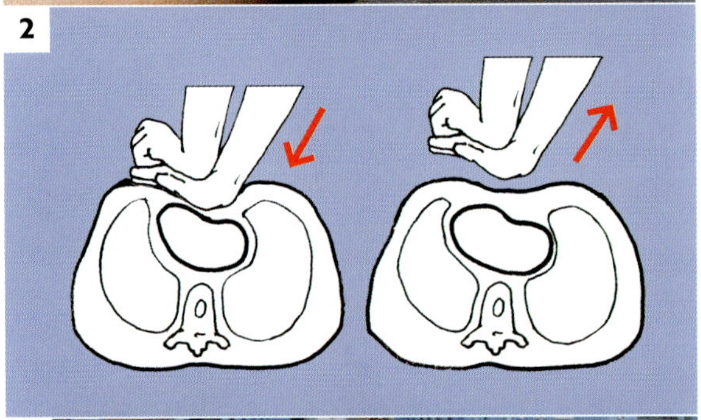
3
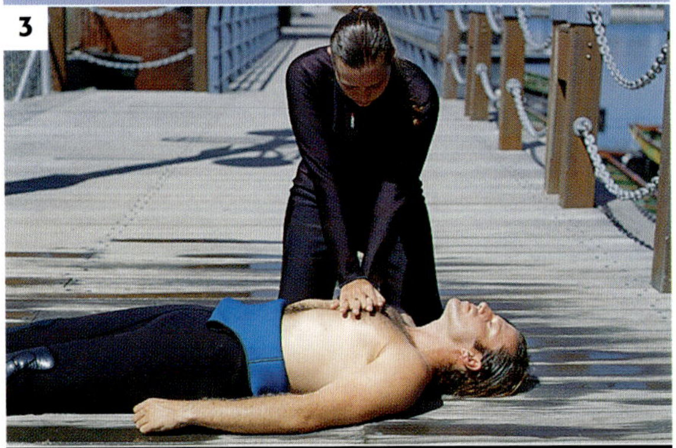

__1__ Vor der Herz-Lungen-Wiederbelebung den Puls an der Halsschlagader fühlen.
__2-3__ Den Druckpunkt zwei Fingerbreit oberhalb des Punktes, wo die Rippen am unteren Ende des Brustbeins zusammenlaufen, aufsuchen. Den linken Handballen auf den Druckpunkt und den rechten Handballen auf die linke Hand legen. Die Ellbogen strecken und ruckartig nach vorn wippen, um das Brustbein etwa 5 cm tief einzudrücken. Um den richtigen Rhythmus zu bekommen, »eins und zwei und drei« etc. zählen.

Rettungsgeräte

Signalhörner

Signalhörner oder Alert-Signale sind weit wirkungsvoller als normale Pfeifen, wenn es darum geht, das Begleitboot zu rufen. Sie arbeiten mit Druckluft und sitzen an der direkten Luftzufuhr zum Tarierjacket.

Man sollte Signalhörner beim Gebrauch immer von

Signalhörner eignen sich sehr gut, das Beiboot auf sich aufmerksam zu machen, besonders bei hohem Wellengang.

sich und anderen weghalten, da sie extrem laut sind und Gehörschäden verursachen können.

Tauchflaggen

Die offizielle Flagge für professionelle wie Sporttaucher ist die international anerkannte A-Flagge. Sie signalisiert, dass ein Boot Taucher im Wasser hat und andere Schiffe Abstand halten und ihre Geschwindigkeit verringern sollten. Die Flagge darf nicht gezeigt werden, wenn das betreffende Boot nicht wirklich Taucher im Wasser hat.

Die amerikanischen Freizeittaucher haben eine eigene Flagge, die aber international keine legale Bedeutung hat und oft von Veranstaltern und Booten benutzt wird, die keine Taucher im Wasser haben.

Die international anerkannte A-Flagge signalisiert, dass ein Boot Taucher im Wasser hat.

Tauchbojen

Die Tauchboje ist ein optisch auffälliger Schwimmkörper, der manchmal eine Fahne trägt und durch eine Leine mit dem Taucher verbunden ist, die auf einer Spule läuft und beim Ab- bzw. Aufstieg ab- bzw. eingerollt wird.

Tauchbojen haben vor allem die Aufgabe, dem Begleitboot jederzeit den Standort der Taucher anzuzeigen und der Besatzung zu ermöglichen, mit den Tauchern Kontakt aufzunehmen (durch heftiges Ziehen an der Leine). Tauchbojen können sehr nützlich sein, wenn starke Strömung, raue See oder schlechte Sicht herrscht, oder die Taucher vom Ufer aus tauchen. Wo Wasserskiläufer, Motor- und andere Boote unterwegs sind, sind Taucher unter Umständen verpflichtet, Tauchbojen zu benutzen. Erkundigen Sie sich deshalb vorher nach den örtlichen Bestimmungen. Tauchbojen können beim Nachttauchen oder schlechter Sicht mit Signalblitzen versehen werden.

Am besten setzt nur ein Taucher oder der Leiter einer Gruppe eine Tauchboje, da sich andernfalls die Leinen leicht verheddern können. Trotzdem sollte jeder Taucher eine verzögert einsetzbare Boje mitführen für den Fall, dass die Taucher getrennt werden. Diese Bojen, die zusammengerollt in die Tasche des Jackets passen, sind aufgeblasen etwa 1,5 m lange, orangefarbene »Rettungswürste«, die man entweder über die zweite Stufe oder mit dem Mund aufblasen kann. Die meisten Tauchbojen sind mit einem kleinen Gewicht ausgestattet, damit sie sich beim Schwimmen aufrichten. Es ist der Albtraum jedes Tauchers, bei rauer See aufzutauchen und das Beiboot, das ihn aufnehmen soll, in weiter Ferne oder überhaupt nicht mehr zu sehen. Außer Tauchbojen kann man Pfeifen (Signalhörner) und wasserfeste Fackeln oder Farbsäckchen mitführen, die das Wasser großflächig färben, sodass die Stelle aus der Luft zu erkennen ist. Für Taucher in Ländern, die über die Möglichkeit der Suche per Flugzeug verfügen, gibt es wasserfeste Notfunkfeuer, wie sie ähnlich auch von Seglern benutzt werden. Wichtig ist, dass Taucher in einer solchen Notlage beisammen bleiben; sie sollten sich deshalb bei starker Dünung oder Strömung mit einer Rettungsleine zusammenbinden.

Die amerikanischen Taucher haben eine eigene Flagge, die zwar keinen legalen Status hat, aber von vielen Tauchveranstaltern benutzt wird.

Arten des Tauchens

Das Attraktive am Tauchen ist unter anderem seine Vielfältigkeit. Je nach Fitness kann man es gemütlich angehen lassen oder sich für extremes Strömungstauchen entscheiden. Einige Taucher ziehen klares, warmes Wasser mit malerischen Riffen vor, andere fühlen sich in Kelpwäldern und bei der begrenzten Sicht wohl, die man in kälteren Gewässern findet.

Nach der Grundausbildung kann man sich auf verschiedene Weise fortbilden. Viele Taucher absolvieren Zusatzkurse wie UW-Fotografie, Wracktauchen oder Such- und Rettungstechniken, andere entschließen sich, Tauchlehrer zu werden, um ihre Liebe zu diesem Sport an andere weitergeben zu können.

Selbst für den, der nur zum eigenen Vergnügen tauchen will, gibt es zahllose Spezialkurse, mit denen man zum fortgeschrittenen Taucher wird. Eine andere Möglichkeit ist, Kurse mit dem Ziel eines international anerkannten Instructors zu belegen, der weltweit aktiv werden oder selbst eine Tauchschule betreiben kann.

Schiffswracks sind in gemäßigten Gewässern beliebte Tauchziele.

Gemäßigte und tropische Gewässer

Viele Taucher tauchen überwiegend in gemäßigten (kalten) Gewässern, wo die Fauna genauso interessant sein kann wie in den meisten tropischen Gewässern, wenn auch nicht immer so farbenfroh. Die Sicht und Bedingungen an der Oberfläche sind in kalten Gewässern im Allgemeinen nicht sonderlich gut. Deshalb muss der Tauchanzug in gutem Zustand sein, und die Taucher gut trainiert und fit. In gemäßigten Gewässern sind Schiffswracks oft die beliebtesten Tauchziele.

Wenn man dagegen im warmen, klaren Wasser der Tropen inmitten eines regen Meereslebens taucht, ist man wahrscheinlich entspannter. Die Hauptgefahr in so klarem Wasser besteht darin, dass man, ohne es zu merken, tiefer taucht als gewöhnlich. Viele beliebte Tauchgebiete liegen in Gegenden, wo Gezeiten und Strömungen im Allgemeinen gering und die Meeresbedingungen zumeist ruhig sind.

Selbst in warmen Gewässern sollte man zum Schutz gegen Nesseltiere einen leichten Tauchanzug tragen. Die größte Chance, sich den Urlaub zu verderben, bieten jedoch Sonnenbrand oder Insektenstiche.

Oben: Leuchtende Schwämme sind für tropische Gewässer typisch. Rechts: Für gut ausgebildete Taucher gibt es viel zu entdecken.

Tauchen vom Boot bei Tagestouren

Auf Tauchbooten, die Tagestouren unternehmen, ist genug Platz für die Tauchflaschen, sodass es genügt, sich eine Viertelstunde vor Erreichen des Tauchgebiets fertig zu machen.

Der Einstieg ins Wasser erfolgt wie von einem Steg, also mit einem großen Schritt oder einer Rolle vorwärts (vgl. S. 65).

Bei starker Strömung sollte an der Leiter eine Schleppleine angebracht werden, an der sich die Taucher, die bereits im Wasser warten, festhalten können.

Der Ausstieg aus dem Wasser erfolgt über Stufen oder eine Leiter und hängt von den Meeresbedingungen ab. Bei ruhiger See zieht man die Flossen im Wasser aus, reicht sie jemandem an Bord und erklimmt dann die Leiter. Bei rauer See lässt man die Flossen an, denn wenn man von einer Welle ins Wasser zurückgeworfen wird, kann man ohne Flossen nicht gut schwimmen.

Das Erklimmen einer Leiter an einem schaukelnden Boot mit voller Montur und Flossen ist

Ganz oben: Tauchvorbereitungen in Bonaire auf den Niederländischen Antillen: Die Taucher tragen sich ein und verstauen ihre Flaschen.
Oben: Tagesausflugsboote ankern über dem Wrack der Jolanda beim Shark Reef im Roten Meer.

nicht einfach und wird am besten bei ruhiger See geübt. Manche Leitern haben nur einen Mittelholm, von dem die Sprossen rechts und links abgehen und die mit Flossen sehr viel einfacher zu besteigen sind als eine normale Sprossenleiter.

Ist ein Boot nicht festgemacht, haben Taucher kaum eine Chance, es zu erreichen, wenn es vom Wind oder der Strömung abgetrieben wird. In dem Fall sollte der Bootsführer das Boot vor die Taucher in die Strömung steuern und dann mit abgestelltem Motor auf sie zutreiben lassen.

Oben links: Eine Leiter mit nur einem Mittelholm ist mit Flossen leichter zu ersteigen.
Oben rechts: Ein Taucher beim Elphinstone Reef im Roten Meer hält Maske und Mundstück fest, bevor er ins Wasser springt. Oben: Tauchen bei Taveuni, Fidschiinseln. Mit Tagesausflugsbooten können Taucher viele Gebiete von einem Ort aus erreichen.

Tauchen vom Kreuzfahrtschiff

Tauchen vom Kreuzfahrtschiff hat gegenüber Tagestouren oder dem Tauchen von Land aus einige Vorteile. Man muss weniger Ausrüstung schleppen, keine langen Strecken über flache Saumriffe schwimmen und kann vor allem weit im Meer gelegene Riffe und Wracks erreichen. Es gibt meistens auch weniger Einschränkungen beim Nachttauchen, und man hat drei bis fünf Tauchgänge pro Tag, statt nach ein oder zweien wieder zurück an Land zu müssen.

Kreuzfahrtschiffe erscheinen vielleicht teuer, aber man bekommt mehr Tauchgänge für sein Geld und Vollpension. Einige Schiffe sind allerdings sehr eng oder liegen hoch im Wasser und schlingern bei unruhiger See entsprechend.

Ganz oben: Tauchkreuzfahrtschiffe sind in Größe, Ausstattung und Komfort höchst unterschiedlich, in den Preisen ebenfalls. Wählen Sie deshalb einen Veranstalter, der Ihnen bietet, was Sie suchen. Oben: Der Reiz, in abgelegenen, unberührten Gebieten zu tauchen, macht Tauchkreuzfahrtschiffe für den Tauchabenteurer attraktiv.

Entweder kann man vom Kreuzfahrtschiff im Tauchgebiet direkt ins Wasser springen oder man wird, was wahrscheinlicher ist, mit einem kleinen Beiboot zum Tauchgebiet gebracht.

Die meisten Taucher mögen keine großen Ansammlungen im Wasser. Größere Kreuzfahrtschiffe sollten entweder gleichzeitig zwei Tauchgebiete mit jeweils einem Beiboot anfahren oder es so einrichten, dass jeweils immer nur eine Hälfte der Taucher im Wasser ist, während die andere Pause macht.

Auch wenn bei Kreuzfahrten oft bis zu fünf Tauchgänge pro Tag angeboten werden, sind dennoch die Gezeiten und Strömungen zu berücksichtigen sowie die an dem Tag bereits durchgeführten oder noch ausstehenden Tauchgänge. (Vgl. S. 62 u. S. 70.)

In Gegenden mit großem Tidehub herrschen zuweilen so starke Strömungen, dass an genussvolles Tauchen kaum zu denken ist.

Ähnlich herrscht bei Ebbe im Wasser schlechte Sicht. In den Fällen ist es besser, weniger Tauchgänge pro Tag zu machen

und sich stattdessen in den Gezeitentabellen die richtigen Zeiten für wirklich lohnende Tauchgänge herauszusuchen.

Gerauschloser Einstieg

Wenn man sich einem Fisch oder anderen Meerestieren nähern möchte, ohne sie zu verjagen, muss man möglichst lautlos ins Wasser steigen.

Bei einem großen Boot sollte man die Leiter hinuntersteigen, bei einem kleineren Boot dagegen sollte man sich auf den Bauch legen und sich behutsam über den Bootsrand ins Wasser gleiten lassen und dabei darauf achten, dass weder Ausrüstung noch Flossen auf das Wasser klatschen.

Ganz oben: Taucher bereiten sich auf einen Tauchgang im Roten Meer vor. Oben: Vom Tauchkreuzfahrtschiff steigt man normalerweise in ein Beiboot, das die Taucher zum gewünschten Gebiet bringt.

Strömungstauchen

Strömungstauchen reicht vom gemächlichen Dahintreiben in sanfter Strömung bis zum rasanten Vorbeijagen an Wänden und Rinnen mit der Möglichkeit, große pelagische Arten zu sehen.

Die Hauptprobleme beim Strömungstauchen sind ein gutes Begleitboot und das Getrenntwerden vom Partner oder der Gruppe. Wer keine Tauchboje bei sich hat, sollte zumindest einen gut sichtbaren Rettungsschlauch oder eine aufklappbare Flagge mitführen, die beide aus der Dünung ragen und für das Boot besser zu sehen sind. Signalhörner sind besser als normale Pfeifen (vgl. dazu S. 80).

Paare oder Gruppen sollten immer gemeinsam ins Wasser gehen und auch unter Wasser möglichst zusammenbleiben. Verliert man dennoch den Kontakt zum Begleitboot, sollte man sich mit dem Partner zusammenbinden, das Jacket aufblasen und Luft sparen für den Fall, dass einem ein beschwerlicher Ausstieg durch die Brandung bevorsteht. Den Bleigürtel behält man am besten an, sofern es keine Probleme mit dem Auftrieb gibt.

Möchte man mit Flossen ans Ufer schwimmen und trägt ein normales Jacket, kein Wingjacket, schwimmt man am besten in Rückenlage. Die Leine zum Partner lösen, bevor man durch die Brandung schwimmt.

Nachttauchen

Die Nacht ist eine Zeit des Wandels. In der Dämmerung und Dunkelheit sind die Raubfische am aktivsten, da sie in ihrem Schutz Jagd auf Beute machen können, die sich gegen den helleren Himmel abhebt.

Anfänglich macht das Nachttauchen vielleicht Angst, da die Sicht auf den kleinen Lichtkegel der Lampe begrenzt ist, Schatten sich geheimnisvoll bewegen und

Beim Strömungstauchen zieht ein Taucher oft eine Tauchboje hinter sich her, damit das Beiboot den Tauchern folgen kann.

Geräusche lauter erscheinen, aber daran gewöhnt man sich bald. Viele Fische verbergen sich in Spalten oder im Sand, aber einige Fische und zahlreiche wirbellose Tiere gehen bevorzugt nachts auf Beutefang.

Was man bei einem Nachttauchgang sieht, hängt von der Zeit ab. Die Dämmerung, wenn es über Wasser noch ziemlich hell ist, eignet sich gut, um Raubfische bei der Jagd zu beobachten. Zwischen 19 und 21 Uhr sieht man die meisten interessanten nachtaktiven Tiere. Wer Papageifische in ihrem Kokon erleben möchte, sollte nach 22 Uhr tauchen.

Bei der Planung eines Nachttauchgangs sollte man ein Gebiet mit wenig Wellengang und Strömung sowie mit gut erkennbaren Merkmalen wählen, das man vom Tagtauchen schon gut kennt. Schwimmen Sie zu Beginn des Tauchgangs gegen die Strömung und kehren Sie mit ihr zurück. Markieren Sie den geplanten Ausstiegspunkt mit einer Lampe. Vermeiden Sie zu grelles Licht, und nehmen Sie immer eine Ersatzlampe mit, denn die Lampen fallen häufig aus. (Lampen mit wieder aufladbaren Nickel-Kadmium-Akkumulatoren gehen ohne Vorwarnung aus, deshalb die Ersatzlampe mit Alkaline-Batterien bestücken.)

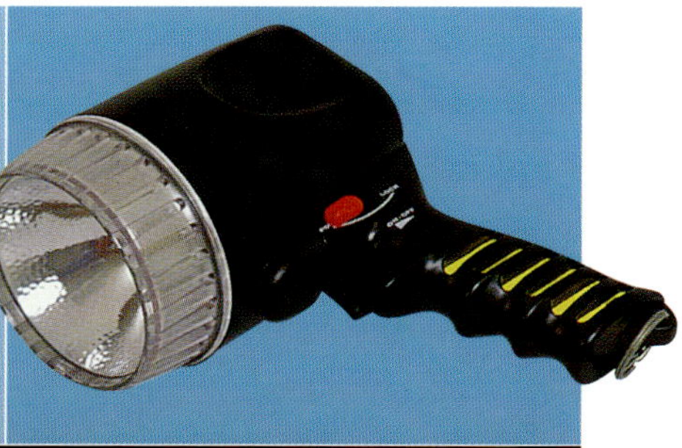

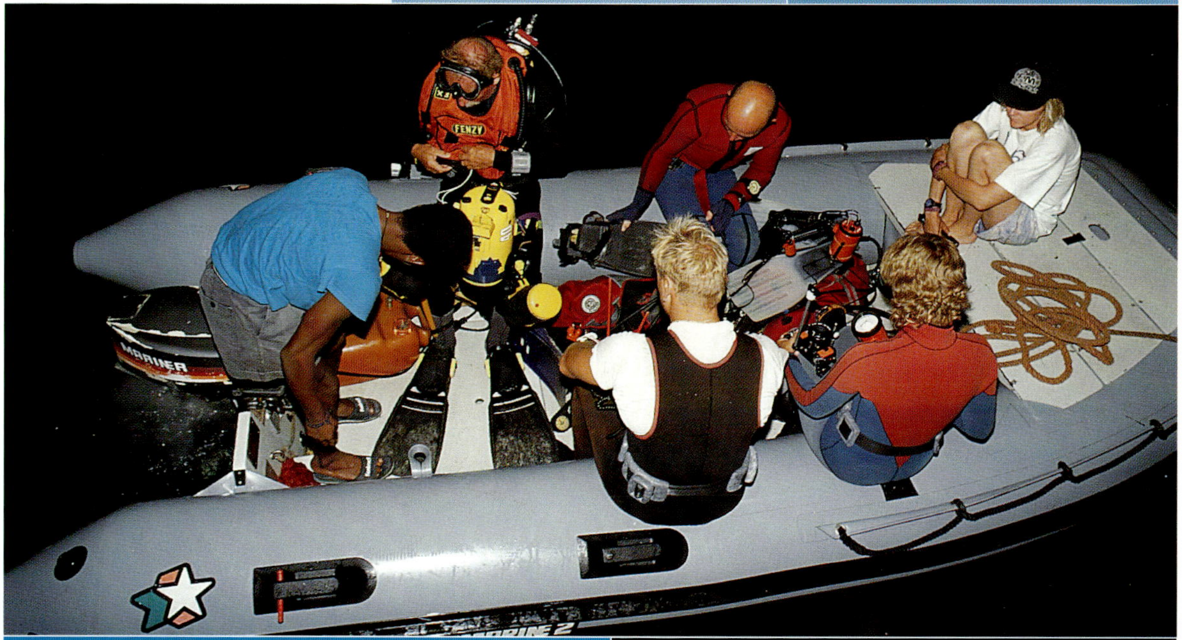

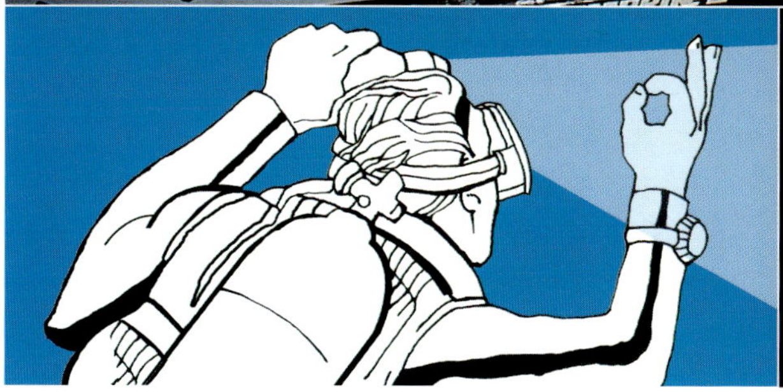

Ganz oben: Lampen gibt es in allen Variationen, Sie haben also die Wahl; nehmen Sie immer eine Ersatzlampe mit.
Oben: Aufbruch zu einem Nachttauchgang zum Wrack der Umbria vor Sudan im Roten Meer.
Links: Wenn Sie dem Partner ein Signal geben wollen, leuchten Sie die Signalhand an, aber von der Seite, damit Ihr Partner nicht geblendet wird.

Wracktauchen

Wracktauchen ist eine der beliebtesten Taucharten, erfordert allerdings einige Umsicht, da Wracks ohne Vorwarnung zusammenbrechen können und oft von Angelschnüren und Fischernetzen umsponnen sind. Tauchen Sie bei Stillwasser, nehmen Sie eine gute Lampe und eine Ersatzlampe, eine Allzweckschere und ein scharfes Messer mit. Die meisten Taucher schnallen sich das Messer ans Bein, wo es allerdings von der Rettungsleine gelöst werden oder sich in Schnüren und Netzen verfangen kann. Es empfiehlt sich, ein weiteres Messer am Arm oder in einer Jackettasche zu tragen, wo man es leicht erreichen kann.

Das erste Taucherpaar sollte eine Abstiegsleine am Wrack anbringen, die vom letzten aufsteigenden Paar wieder entfernt wird. Achten Sie darauf, dass alles Zubehör dicht am Körper anliegt, damit es sich nirgendwo verfängt. Wenn Sie in ein Wrack vordringen, befestigen Sie eine Leine am Eingang, die sie beim Schwimmen auslassen. So finden Sie den Weg zurück, falls Sie die Orientierung verlieren. Denken Sie daran, dass Flossen und Hände, aber auch die Luftblasen Schlick aufwirbeln können. Heben Sie sich genügend Luft für den Rückweg auf, und sichern Sie alle Türen und Luken, durch die Sie schwimmen, damit sie nicht zuklappen können. Zu Tauchzwecken eigens versenkte Wracks müssen umweltverträglich sein. Alle Türen und Luken müssen entfernt sein.

Taucher, die ein Wrack erkunden, sollten immer Messer, Ersatzlampe und Schere bei sich haben. Das Vordringen in Wracks kann gefährlich sein und ist erfahrenen Tauchern vorbehalten.

Einige Süßwasserseen werden von heißen oder kalten Quellen gespeist, was unterschiedliche Unterwasserlandschaften zur Folge hat.

Höhlentauchen erfordert sorgfältigste Planung und dreifache Ausrüstung. Neulinge dürfen nie ohne Begleitung in Höhlen eindringen.

Süßwassertauchen

Der einzige Unterschied zwischen Tauchen in Süß- und Salzwasser ist der, dass Ersteres weniger Auftrieb hat, dafür mehr Parasiten, die Infektionen hervorrufen können, und dass es für die meisten Süßwassergebiete keine Karten gibt. Einige Süßwassergebiete liegen so hoch, dass man spezielle Tauchtabellen braucht. Starker Regen kann die Sicht in Süßwasser oft auf null reduzieren und auch zu plötzlichen Überschwemmungen oder rasch ansteigendem Pegel führen. Wo ein See oder Fluss von heißen Quellen gespeist wird, sollte man darauf achten, dass es nicht zu heiß wird.

In flachen Seen ist das Tauchen relativ einfach, in Flüssen kann es wegen starker Strömung dagegen schwierig werden. Im Allgemeinen ist die Strömung zum Ufer hin geringer. Bevor man in einen Fluss steigt, muss man sich darüber im Klaren sein, wo man ihn verlassen kann. Eine Art, gegen den Strom zu schwimmen, ist die, sich mit Haken am Boden festzukrallen und so vorwärts zu ziehen.

Höhlentauchen

Das Höhlentauchen, das man in Spezialkursen lernt, befähigt zum Eindringen in den vorderen Bereich einer Höhle. In den Kursen lernt man diese Art von Tauchgängen zu planen, sich richtig zu bewegen und auszurüsten. Vor allem aber lernt man das Legen einer Rettungsleine und wie man Richtungsanzeiger an ihr anbringt, sodass man auch ohne jede Sicht aus Höhlengängen zurückfindet. Diese Art des Höhlentauchens kommt für die meisten Freizeittaucher in Frage, Anfänger sollten jedoch nie ohne Begleitung eines erfahrenen Höhlentauchers eine Höhle befahren.

Beim Erforschen von Höhlen unter Wasser sind die Taucher in erster Linie Höhlenforscher, für die das Tauchen nur Mittel zum Zweck ist. Derartige Expeditionen können mehrere Tage dauern und schließen lange Tauchgänge mit Gasgemischen und komplizierten Dekompressionsabläufen ein. Diese Art des Höhlentauchens ist ausschließlich sehr erfahrenen Tauchern vorbehalten.

Tieftauchen

Was beim Sporttauchen unter Tieftauchen zu verstehen ist, hängt von der jeweiligen Tauchorganisation ab. Bei einigen sind das Tiefen über 30 m, bei anderen über 40 m, und bei einigen sogar über 50 m. Für bei europäischen Tauchschulen ausgebildete Taucher gilt der Bereich zwischen 30 und 50 m als für fortgeschrittene Taucher geeignet, wobei 40 m tief genug sind.

Bei Tieftauchgängen sollten Flaschen mit Luft oder Nitrox und eigenen Atemreglern in der Tiefe der jeweiligen Dekostopps aufgehängt werden.

Tieftauchgänge erfordern sorgfältige Planung. In den Tiefen, in denen Dekostopps geplant sind, sollten volle Flaschen mit Atemregler hängen, und auf dem Begleitboot sollten voll ausgerüstete Tauchhelfer bereitstehen, um den Tauchern im Wasser eventuell zu Hilfe zu kommen; die Tauchhelfer sollten an dem Tag noch nicht getaucht haben, damit sie keinen Stickstoff im Körpergewebe haben.

Tauchen in Tiefen über 40 m mit Druckluft gilt als gefährlich. Für kommerzielle Taucher ist das Tieftauchen sicherer, weil sie Gasgemische wie Heliox (Helium ersetzt den gesamten Stickstoff) oder Trimix (Helium ersetzt einen Teil des Stickstoffs) verwenden. Wie das Gasgemisch zusammengesetzt ist, hängt von den jeweiligen Anforderungen des Tauchgangs ab und soll der Stickstoffnarkose, der Sauerstofftoxizität und der Caissonkrankheit vorbeugen. Einige erfahrene Sporttaucher haben sich das Wissen kommerzieller Taucher zunutze gemacht und auf Tiefen über 50 m angewandt, doch das erfordert beträchtliche Planung hinsichtlich der Gasgemische.

Enriched Air Nitrox

Während nur wenige Spitzentaucher Gasgemische verwenden, ist die verbreitete Verfügbarkeit von Enriched Air Nitrox (EAN) für Sporttaucher ein großer Fortschritt.

Enriched Air Nitrox besteht, wie Luft, aus Stickstoff und Sauerstoff, der Sauerstoffanteil ist jedoch höher, der Stickstoffanteil entsprechend niedriger. EANx32 oder Nitrox 32 enthält 32 Prozent Sauerstoff und 68 Prozent Stickstoff. (EANx ist die übliche Kennzeichnung, wobei das »x« den Prozentsatz des Sauerstoffs im Gemisch angibt.)

Durch die Verringerung des Stickstoffanteils der Luft erreichen Taucher längere Grundzeiten ohne Dekostopps oder sie benötigen, wenn sie sie doch einlegen müssen, kürzere Dekostopps, wenn sie EAN in Verbindung mit einem entsprechenden Tauchcomputer oder Dekotabellen benutzen.

Erfahrene Taucher können EAN auch auf andere Art verwenden: wenn sie EAN nehmen, aber für Luft ausgearbeitete Dekotabellen oder auf Luft eingestellte Tauchcomputer benutzen, haben sie einen größeren Sicherheitsspielraum, weil die Tabelle oder der Computer davon ausgeht, dass sie 79 Prozent Stickstoff atmen. Nach EAN-Tauchgängen fühlen sich Taucher auch weniger schlapp, und viele verbrauchen weniger Gas.

Da mit EAN jedoch mehr Sauerstoff eingeatmet wird, erhöht sich die Gefahr der Sauerstofftoxizität. Die Tiefe, in die man tauchen kann, hängt vom Sauerstoffanteil im Gasgemisch ab; je höher dieser Anteil ist, desto geringer ist die Tiefe, die sicher getaucht werden kann. Taucher sollten nicht in Tiefen tauchen, wo der Partialdruck des Sauerstoffs 1,4 bar übersteigt.

Es kann Umstände geben, wo ein Taucher, der Enriched Air Nitrox verwendet, tiefer tauchen muss als mit Blick auf die Sauerstofftoxizität zulässig ist. In dem Fall kann er, wenn er eine kleine Zusatzflasche mit nor-

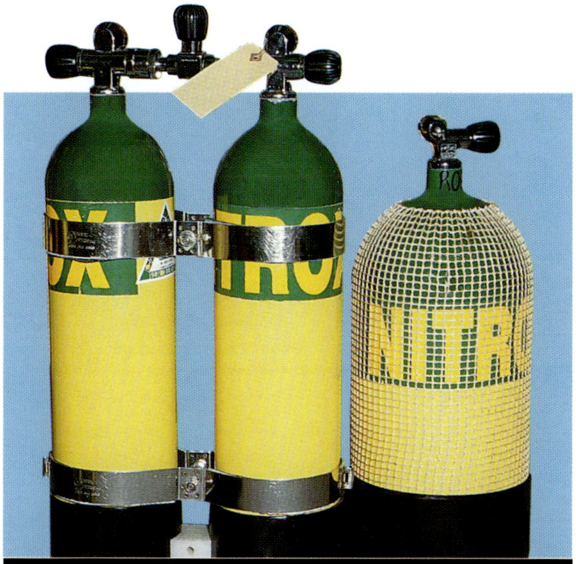

Nitrox-Flaschen sind immer gekennzeichnet und dürfen nie mit Druckluft oder anderen Gasen gefüllt werden.

maler Luft an den Atemregler angeschlossen hat und tiefer ist, als er mit dem von ihm benutzten Gasgemisch tauchen darf, kurz aus dieser Flasche atmen. Sobald er sich wieder in einer Tiefe befindet, in der keine Sauerstofftoxizität mehr droht, kann er wieder auf EAN umsteigen.

Eine andere Art, einen Vorteil aus Enriched Air Nitrox zu ziehen, besteht darin, eine kleinere Zusatzflasche mit eigenem Atemregler mitzuführen, deren Gemisch einen sehr viel höheren Sauerstoffanteil aufweist. Sie wird nur bei Dekostopps im Flachwasser benutzt; das Enriched Air Nitrox ist in dieser Situation allerdings als Dekompressionsgas zur Entsättigung von Stickstoff weit wirksamer als Luft.

Nitroxflaschen müssen deutlich gekennzeichnet sein, dürfen nie für ein anderes Gas benutzt werden und müssen frei von Schmierfetten sein, die sich bei Kontakt mit hochprozentigem Sauerstoff entzünden können.

Rebreather

Sporttaucher benutzen ein unabhängiges Unterwasser-Atemgerät. Da der größte Teil des Sauerstoffs, den wir aus der Tauchflasche einatmen, ins Wasser ausgeatmet wird, spricht man auch von einem System mit offenem Kreislauf. Einige Firmen haben geschlossene oder halbgeschlossene Kreislaufgeräte entwickelt, so genannte Rebreather.

Rebreather sind ursprünglich für das Militär entwickelt worden. Sie verlängern die Grundzeit, weil die ausgeatmete Luft wiederverwendet wird.

Mit einem Rebreather atmet man ein Gasgemisch ein, das Sauerstoff enthält; nachdem man ausgeatmet hat, werden die ausgeatmeten Gase durch einen Filter aus Natronkalk geleitet und chemisch vom Kohlendioxid befreit. Dann wird dem so gereinigten Gas Sauerstoff zugeführt, und der Taucher atmet das Gasgemisch erneut ein.

Das System mit geschlossenem Kreislauf lässt erst beim Auftauchen Gas ab, Systeme mit halbgeschlossenem Kreislauf lassen nur einen kleinen Teil von jedem Atemzug ab. Auf diese Weise kann man mit einem relativ kleinen Vorrat an Atemgas lange tauchen, muss aber ständig die Instrumente im Auge haben, um sicher zu sein, dass alles im grünen Bereich ist. Rebreather arbeiten normalerweise mit Nitrox, können aber bei Tauchgängen in größere Tiefen auch auf Trimix oder gelegentlich auf Heliox umgestellt werden.

Die Welt ist voller aufregender Tauchgebiete, von den warmen Tropengewässern bis zu den gemäßigten Meeren. Wer einmal sein internationales Tauchsportbrevet gemacht hat, besitzt den Pass für diesen herrlichen Sport.
Viel Glück und Spaß!

Anhang – Wie Wärme, Licht und Schall sich unter Wasser ausbreiten

Die Übertragung von Wärme in Wasser

Leitung, die Übertragung von Wärme durch direkten Kontakt, ist in Luft sehr schlecht, daher auch ihre Verwendung als Isolator in Federbetten und Daunenkleidung. Wasser ist dichter als Luft und leitet Wärme etwa 25-mal besser. Ein unbekleideter Taucher fühlt sich bei 21°C Lufttemperatur vielleicht ziemlich wohl, bei derselben Temperatur im Wasser verliert der Körper Wärme jedoch schneller als er sie erzeugen kann und kühlt aus.

Wärme wird auch durch Konvektion übertragen; das Wasser direkt am Körper des Tauchers erwärmt sich und verliert an Dichte. Wird dieses Wasser nicht von einem Tauchanzug an Ort und Stelle gehalten, steigt es nach oben, da schwereres, kälteres Wasser an seine Stelle tritt. Deshalb gibt es immer kälteres Wasser, das einen Taucher abkühlt, selbst wenn er sich nicht bewegt.

Die Übertragung von Licht in Wasser

Weil Luft, Glas und Wasser unterschiedlich dicht sind, bewegt sich Licht in ihnen mit jeweils anderer Geschwindigkeit fort und wird beim Übergang von einem Medium in ein anderes gebrochen, sofern es nicht rechtwinklig auftrifft. Das gibt einen falschen Eindruck von der Entfernung im Verhältnis 4:3 und vergrößert entsprechend den tatsächlichen und scheinbaren Entfernungen um ein Drittel. Ein 4 m entfernter Gegenstand erscheint 3 m entfernt und um ein Drittel größer.

Vom gesamten elektromagnetischen Spektrum (der gesamte Umfang elektromagnetischer Strahlung von den längsten Radiowellen bis zur kürzesten Gammastrahlung) kann das menschliche Auge nur einen kleinen Bereich erkennen. Unterschiede in der Wellenlänge innerhalb dieses Bereichs werden als Farben wahrgenommen.

Wenn Licht auf ein Objekt trifft, absorbiert das Objekt einen Teil der Wellenlänge des Lichts und reflektiert einen anderen. Das Auge nimmt die Farbe des Objekts durch die sichtbaren Wellenlängen wahr, die reflektiert werden. Werden alle sichtbaren Wellenlängen reflektiert, nimmt das Auge die Farbe als Weiß wahr; wird nur ein sehr kleiner Teil der sichtbaren Wellenlängen reflektiert, bleibt dies für das Auge Schwarz. Einige Objekte werden durch kürzere Wellenlängen angeregt, längere sichtbare Wellenlängen des Lichts auszusenden, was dann Fluoreszenz heißt; sie wird aus Gründen der Sichtbarkeit bei der Tauchausrüstung genutzt, ist aber auch nachts bei Plankton, Anemonen und Korallen zu beobachten.

Wenn Licht in Wasser eindringt, werden seine Wellenlängen zunehmend herausgefiltert. Als Erstes fallen die mit der geringsten Energie heraus, das Rot im sichtbaren Spektrum, dann Orange und Gelb, dann Grün und schließlich Blau. In der Tiefe gibt es kaum noch oder gar kein sichtbares Licht mehr, das von roten, orange und gelben Objekten abstrahlt, sodass sie grau/schwarz erscheinen, wenn sie nicht mit Tauchlampen oder Blitzlicht angestrahlt werden.

Die maximale Durchlässigkeit in klarem Wasser besteht bei Wellenlängen, die als Blau wahrgenommen werden, allerdings trüben im Wasser treibendes Phytoplankton die Sicht und die maximale Durchlässigkeit verschiebt sich dann zu Gelb-Grün.

Selbst klares Wasser streut Licht, lenkt es ab und polarisiert es. Dieser auch Diffusion genannte Vorgang mindert Schatten und Kontraste. Weil Gegenstände, die sich vom Hintergrund abheben, besser zu sehen sind, hat die selektive Absorption von Farben Einfluss darauf, welche Farben miteinander kontrastieren.

Die Übertragung von Schall in Wasser

Schallwellen pflanzen sich im Wasser sehr viel schneller und weiter fort als in Luft. Niederfrequenter Schall, etwa von einer Schiffsmaschine, ist oft schon zu hören, wenn die Schallquelle noch gar nicht zu sehen ist.

Das Hörvermögen von Tauchern wird durch die Wirkung des Wassers auf das Trommelfell vermindert, und die erhöhte Schallgeschwindigkeit beeinträchtigt die stereophone Wahrnehmung des menschlichen Ohrs. Unter Wasser wird der Schall mehr über die Schädelknochen als das Trommelfell an das Ohr übertragen. Deshalb ist die Verzögerung, mit der der Schall beide Ohren erreicht, zu kurz, als dass sie zwischen Zeit und Intensität unterscheiden könnten, und der Schall scheint somit aus allen Richtungen gleichzeitig zu kommen.

Schall von oberhalb der Wasserfläche ist im Wasser nicht zu hören und umgekehrt. Die Übertragung von Schall wird auch durch unterschiedliche Wassertemperaturen beeinflusst, etwa eine Thermokline. Unterschiedliche Temperaturen auf beiden Seiten der Thermokline bedeuten auch unterschiedliche Dichte. Wenn Schallwellen die Grenzfläche zwischen verschieden dichten Medien kreuzen, verlieren sie Energie. Kommt der Schall im Wasser von oberhalb der Thermokline, ist er unterhalb vielleicht kaum zu hören.

Index

Danksagung und Fotonachweis

Danksagung des Verlags

Der Verlag möchte folgenden Personen und Unternehmen für ihre unschätzbare Hilfe und Unterstützung danken: in Kapstadt – Duncan Patterson, Butch Kriel und Chris Doyle von Orca Industries; Eric Gobel und Nadine Peterson von Underwaterworld; Simon Chater vom Two Oceans Aquarium; Ian Campbell, Michael Denis und Studenten bei Sheer Blue Adventures; Peter Labuschagne und Studenten bei Table Bay Diving; den Lehrern und Studenten bei Dive Junction; John Hattingh, Michelle Petersen, Richard Ducket und Jade Maxwell-Newton von Dive Action; Mark Engledow von Scuba Shack; Phil und Melanie Wright für das Ausleihen des Rebreathers sowie den Herren Hunter und Hendriks vom Sea Point Swimming Pool. Dank auch an Gary Greenstone für seinen Einsatz und die Geduld bei zahlreichen Demonstrationsfotos.

Fotonachweis

Alle Fotos von Danja Kohler/Oceanborne (diver@gem.co.za) und Glen Curtis für Struik Image Library/SIL, mit Ausnahme der im Folgenden einzeln genannten Fotografen oder Agenturen.

Umschlagfoto: Al Hornsby.

Andy Belcher (www.legendphotography.co.nz): S. 5, 6, 8, 9, 10, 23, 33, 41 (links), 49, 63, 75, 82 (unten links), 83, 85 (unten), 90, 91 (links und rechts).

Jack Jackson: S. 36 (links), 46 (oben rechts), 69, 84 (oben und unten), 85 (oben links und rechts), 87 (oben und unten), 89 (Mitte).

Anthony Johnson/SIL: S. 37, 42, 43 (oben), 47 (oben), 72 (unten), 39, 40, 41, 67, 64 (oben).

Stefania Lamberti: S. 26.

Peter Pinnock: S. 71.

Geoff Spiby: S. 38, 88.

SIL: Struik Image Library, Kapstadt (E-Mail: carmen@struik.co.za).

Empfehlungen für fortgeschrittene Taucher

Axel Stibbe
Sporttauchen
Der sichere Weg zum Tauchsport
Offizielles Lehrbuch des Verbandes
Deutscher Sporttaucher e. V.

Th. Kromp/H. J. Roggenbach/P. Bredebusch
Praxis des Tauchens
Mit Fragenkatalogen und Musterantworten für alle Stufen des Deutschen Tauchsportabzeichens Grundtauchschein – DTSA Bronze – Silber – Gold.

Jörg Peter Pleschka/Gerd Ruckdäschel
Deutsches Tauchsportabzeichen
Prüfungsfragen für Grundtauchschein und DTSA Bronze/CMAS*-Taucher.

Peter Bredebusch
Grundlagen der Tauchausbildung
für DTSA Bronze/CMAS* – Taucher.

Jörg Peter Pleschka/Gerd Ruckdäschel
Deutsches Tauchsportabzeichen
Prüfungsfragen für DTSA Silber/CMAS** – Taucher.

Gerd Högel
Deutsches Tauchsportabzeichen
DTSA Bronze/CMAS – Taucher
Ausführliches Begleitmaterial zum Einstern-Kurs für Lernende und Ausbilder.

Logbuch für Taucher
Zur Dokumentation aller wichtigen Daten sowie Begleit- und Prüfungsbestätigungen.